근·현대사 속
겨레의 효자들

국립중앙도서관 출판시도서목록(CIP)

근·현대사 속 겨레의 효자들 / 지은이: 김덕균. -- 서울
: 다른생각, 2013
    p. ;   cm. -- (다른생각 인문교양 ; 3)

ISBN 978-89-92486-19-4 03910 : ₩15000

근대사[近代史]
현대사[現代史]
효자[孝子]

911.06-KDC5
951.903-DDC21   CIP2013015317

근·현대사 속 겨레의 효자들

초판 1쇄 인쇄	2013년 8월 20일
초판 1쇄 발행	2013년 8월 25일
지은이	김덕균
펴낸이	이재연
펴낸 곳	다른생각
주소	서울 종로구 창덕궁 3길 3 302호
전화	02) 3471-5622
팩스	02) 395-8327
이메일	darunbooks@naver.com
등록	제300-2002-252호(2002. 11.1)
ISBN	978-89-92486-19-4 03910

값 15000원

＊잘못된 책은 구입하신 서점이나 저희 출판사에서 바꿔드립니다.

근·현대사 속
겨레의 효자들

김덕균 지음

다른생각

시대가 영웅을 만들고 영웅이 시대를 만든다고들 말한다. 역사상 일제 강점기만큼 그 말에 적합한 시절도 없을 듯하다. 한민족의 역사 이래 가장 치욕적이었던 일제시대, 나라와 민족을 위해 헌신하고 희생한 분들이 그 시절만큼 많았던 적이 또 있었을까. 일제 강점기는 분명 난세였다. 난세였기에 민족적 영웅들의 값진 희생은 더욱 빛났다.

하지만 그 속으로 들어가 보면 꼭 그런 것만도 아니다. 몇몇 선각자들을 제외하고는 대개가 구설수에 올라 있다. 친일 행적 때문이다. 일제 시기의 초반부에 목숨을 걸고 독립운동을 했다가, 후반부로 가면서 점차 변절했거나 일제에 협조한 친일 행각이 문제되고 있다. 이로 인해 초반에 했던 항일운동까지도 깡그리 무시되는 상황이다. 진보와 보수 진영의 첨예한 대립과 갈등에 의한 희생양도 생겨났다. 우리나라 근·현대 인물들이 갖고 있는 난맥상이다. 안타까운 일이다.

역사는 있는 그대로 보아야 한다. 각각의 인물도 가치 평가에 앞서 있는 그대로를 살펴야 한다. 옳고 그름의 가치 평가는 나중 문제이다. 자신만의 가치관과 세계관에 입각해서 먼저 평가하고 역사와 인물을 바라보면 사실을 제대로 볼 수가 없다.

빛이 강하면 그림자 또한 강하다. 그런데 유독 근·현대 인물들에 대해서만은 그림자 부분이 강하게 부각되고 있다. 아마도 가까운 시절의 일이어서 그런 것 같다. 남아 있는 자료가 분명하고, 증인들의 생생한 증언도 아직 아픔으로 남아 있기 때문이다. 불행했던 식민지 시절의 일이기에 더욱 그럴 수도 있다. 남북 분단의 아픔도 그로부터 출발했다.

그래서 이 책에서는 그 시절의 민족적 영웅들을 망라했다. 훗날 친일 행적으로 안타까운 평가를 받는 인물들도 포함했다. 적어도 친일하기 이전에, 가족은 물론 나라와 민족을 위해서 어떠한 노력을 했는가를 우선시했기 때문이다. 어두운 행적만을 들춰 내어 인생의 전부를 재단하기보다는, 밝은 부분을 찾아가며 인정할 것은 인정하는 것이 필요하다고 보았기 때문이다. 인물들의 이념적 편향도 문제 삼지 않았다. 진보나 보수 진영 어디에 속하든 민족적 선각들이 어떻게 부모와 가족을 공경하고, 또 나라와 민족을 사랑했는가가 중요한 주제이기 때문이다.

이 책에서 주로 다룬 것은, 각각의 근·현대 인물들이 어떻게 가정에서 효를 실천하고, 사회에 나가서 충을 실현했는가 하는 점이다. 가정 내에서는 부모 공경과 형제 우애, 그리고 사회적으로는 주변의 이웃과 동포에 대한 사랑, 그리고 그런 마음이 나라와 민족을 위해서는 어떻게 표출되었는가를 살피는 일이다. 한마디로 효심과 애국심을 찾아본 것이다.

이런 일련의 작업을 통해서 격동기이자 난세였던 일제 시기 선각들의 효심의 공통된 특징도 찾게 되었다. 어려서 부모를 공경한 모습은 일반 사람들과 다르지 않지만, 국난의 시대에 부모들의 남다른 애국심과 공명심이 나라와 민족을 위한 '충(忠)'으로 연결되고 있다는 점이다. 다시 말해 "효자 집안에 충신난다."라는 옛말이 결코 빈말이 아님을 확인했다. 부모의 나라 사랑 정신이 자녀들에게 그대로 계승되면서, 효와 충이 둘이 아닌 하나임을 볼 수 있었다는 것이다.

보통 효는 가정에서 부모에게 하고, 충은 나라와 민족을 위해 하는 것으로 이해한다. 하지만 국난의 시대에 선각들의 효는 충으로 연결되었고, 그 충은 곧 부모의 뜻을 따른 것이니 효로 승화되었다. 여기에서 우리는 효와 충이 결코 다른 것이 아니라 하나로 연결되어 있음을 보게 된다.

'겨레의 효자들'이라는 책 제목도 그래서 정해졌다. '부모의 효자'가 곧 '겨레의 효자'가 되었다는 의미다. 아쉬운 점은 지면의 한계로 인해 좀 더 많은 애국지사들을 다루지 못했다는 점이다. 후일을 기약한다.

　아울러 "효가 살면 나라가 산다."라는 신념으로 효 운동에 매진하시면서 효와 충의 관계를 여러 각도로 제시해주고 가르침을 주신 성산효대학원대학교 최성규 총장님과, 다른생각 출판사 편집진의 노고에 감사드린다.

2013년 여름

성산연구실에서 김덕균

근·현대사 속
겨레의 효자들

차례

나라와 민족의 아들에서 어머니의 아들로 돌아온

김구

"만일 우리의 오늘날 형편이 초라한 것을 보고 자굴지심(自屈之心)을 발하여, 우리가 세우는 나라가 그처럼 위대한 일을 할 것임을 의심한다면, 그것은 스스로 모욕하는 일이다. 우리 민족의 지나간 역사가 빛나지 아니함이 아니나, 그것은 아직 서곡이었다. 우리가 주연배우로 세계 역사의 무대에 나서는 것은 오늘 이후다. 삼천만의 우리 민족이 옛날의 그리스 민족이나 로마 민족이 한 일을 못한다고 생각할 수 있겠는가!"(『백범일지』, 이하 출처 생략)

"할 수 있다. 하면 된다."를 일깨운 민족지도자

백범의 굴함 없는 기세당당한 모습이 느껴진다. 비록 지금은 초라하지만 세계국가를 이룰 수 있다는 확신, 세계의 주연배우로 나설 수 있다는 자신감이 넘친다. 그러나 우리가 세계의 주역이 되는 것은 결코 무력이나 힘에 의해서가 아니다. 사랑과 평화의 하모니정신으로 만들어가는 인류공동체의 실현을 말한다.

"내가 원하는 우리 민족의 사업은 결코 세계를 무력으로 정복하거나 경제력으로 지배하려는 것이 아니다. 오직 사랑의 문화, 평화의 문화로 우리 스스로 잘 살고, 인류 전체가 의좋게 즐겁게 살도록 하는 일을 하자는 것이다. 이 큰일을, 하늘이 우리를 위하여 남겨놓으신 것임을 깨달을 때에, 우리 민족은 비로소 제 길을 찾고 제 일을 알아볼 것이다."

하모니 정신으로 세계를 평화롭게 만들자는 제안이고, 그 일을 우리 민족이 이룰 수 있다는 내용이다. 이것이 감동적으로 다가오는 것은 우리 민족정신의 저변에 이 마음이 흐르고 있어서가 아닐까. 하모니 정신으로 민족정신을 일깨운 백범을 후손들이 존경하고 따르는 것은, 그렇다면 당연한 일일 것이다.

존경하는 인물 1순위

17대 국회의원 당선자를 대상으로 그들이 가장 존경하는 인물을 조사한 결과, 백범 김구(79명) 선생이 가장 많았다. 이순신(31명)과 정약용(16명)이 그 뒤를 이었다. 잠재적 대선 주자들의 존경하는 인물에서도 김구는 부동의 1위였다. 직장인을 대상으로 한 조사에서는 이순

신(32.1%), 세종대왕(15.5%), 박정희(14%), 김구(9%), 광개토대왕(4.7%)
의 순이었다.

백범 김구 선생(1876~1949년)은 조선말, 대한제국, 일제 식민지 시기, 미군정, 대한민국으로 이어지는 격동의 세월을 살면서, 일평생 조국의 자주독립과 자유로운 나라 건설을 위해 활동하였다. 동학, 의병, 애국계몽운동, 105인 사건, 임시정부, 반탁운동, 남북 협상 등 조선 말부터 대한민국에 이르기까지 다양한 투쟁활동을 통해서 나라를 바로 세우려고 했던 인물이다.

두 아들에게 남긴 장문의 편지이자 유서, 『백범일지』

백범의 화려하면서도 다양한 삶은 그의 자전적 기록인 『백범일지』에 담담히 담겨 있다. 『백범일지』는 중국 대륙에서 항일운동을 전개하던 시절, 멀리 떨어져 있던 두 아들을 생각하며 저술한 책이다. 지금은 많은 사람들이 필독서처럼 읽고 있지만, 본래 『백범일지』는 격동기에 생사를 넘나들던 시절, 열 살의 인과 일곱 살의 신, 두 아들을 위해서 남긴 장문의 편지이자 유서였다.

"아비는 이제 너희가 있는 수륙 오천 리를 떠난 먼 나라에서 이 글을 쓰고 있다. 어린 너희를 앞에 놓고 말할 수 없으매, 그 동안 나의 지난 일을 대략 기록하여 몇몇 동지에게 남겨, 장래 너희가 자라서 아버지의 경력을 알고 싶어 할 때가 되거든 너희들에게 보여주라고 부탁하였다."

아버지가 아들에게 남기는 글인 만큼 정감어린 부분이 한두 곳이 아니다. 또 내용이 얼마나 진솔한지, 선생의 가문 내력을 밝히면서 온갖 치부를 드러내기도 했다. 백범 본인의 모습을 담으면서 이보다 더 솔직할 수는 없다. 자신이 태어날 때 난산(難産)한 것에서부터, 태어나자 죽어주었으면 좋겠다고 어머니가 푸념한 것이며, 동네방네 젖을 구걸하시던 부친의 모습까지도 적나라하게 담았다. 엿이 먹고 싶어 부모 몰래 아버지의 숟가락을 구부러뜨려 엿과 바꿔 먹었다는 이야기는 이미 회자되었다.

효자 아버지와 아들

백범 선생의 부친은 불의를 보면 참지 못하는 의협심이 강한 분이었다. 일반 상놈이 그러면 용서하고 너그럽게 넘어가지만, 양반이 불의를 저지르면 꼭 그 사람에게 폭행을 가했다. 그때마다 경찰에 자주 불려 다녔다. 어떨 때는 술의 힘을 빌린 경우가 많아서, 집안은 잠잠할 날이 없었다. 백범의 어머니는 "너의 집에 허다한 풍파가 모두 술 때문이니, 두고 보아서 네가 또 술을 먹는다면 나는 자살을 해서 네 꼴을 보지 않겠다."라는 말로 백범을 가르쳤다. 이후로 백범은 어머니의 말씀을 깊이 새겨듣고 술을 경계하였다.

그렇다고 백범 선생의 부친이 망나니였다는 것은 아니다. 불의를 보면 대적하는 방법이 과격했을 뿐, 실제로는 대단한 효자였다. 어릴 적 별명도 효자였다고 한다. 어머니께서 돌아가실 때 자신의 왼손 무명지를 단지(斷指)해서 피를 입에 넣어드려 소생하게 했다는 이야기 때문에 붙여진 별명이다.

부전자전일까. 백범 선생도 부친이 반신불수가 되자 하던 일을 모두 제쳐두고 오로지 간호에만 신경을 쓴다. 부친의 병치레로 가산을 탕진하자, 백범은 하던 공부를 그만두고 백모님 댁에 의지해서 살았다. 하고 싶던 공부를 다시 하게 된 것은 부친의 병세가 호전되었을 때였다. 공부보다 부모에 대한 효를 우선시한 것이다. 훗날 이야기지만 백범 선생도 부친이 위독해지자 할고(割股)로서 전통적 효행의 모습을 보인다. 아버지는 단지로서, 아들 백범은 할고로써 효를 실천한 것이다.

세상을 바꾸는 것은 마음

백범의 청년기 삶은 실패와 좌절과 낙심의 연속이었다. 입신출세를 위한 과거에 낙방하여 실의에 찬 세월을 보냈고, 민족을 구해보고자 동학운동에 참여했다가 역시 좌절의 쓴맛을 본 것도, 운명론에 빠져 관상을 보았지만 천하고 가난하고 흉할 상이라는 소리를 듣고 낙담한 것도 청년 시절이다. 하지만 백범은 『마의상서』의 "相好不如身好, 身好不如心好.(얼굴 좋음이 몸 좋음만 못하고, 몸 좋음이 마음씨 좋음만 못하다.)"라는 문장을 보고는 심기일전한다. 관상보다는 신체 건강이, 신체보다는 마음씨가 중요하다는 것을 깨닫게 된 것이다. 한마디로 마음을 어떻게 쓰느냐에 따라서 관상도 인생도 바꿀 수 있다는 내용이다.

이후 백범은 개인적으로는 마음씨 좋은 사람, 민족적으로는 옳은 일을 하는 사람이 되고자 노력한다. 의기남아의 인생을 산 것이다. 단발령이 내려지자, 그는 "신체발부수지부모, 불감훼상."이라는 전통적 효 실천의 명분을 살리면서도 일제 배척이라는 본질적 목적을 위해 의병을 일으킨다. 민비 시해사건이 벌어지자 '국모보수(國母報讐)' 차원에서 일인 헌병을 처단하기도 했다(1896년). 결국 일련의 사건으로 백범은 감옥에 가게 되고, 거기에서 일생일대의 대전환기를 맞이한다. 서양 학문을 접하고 신학문을 공부한 것이다. 그간 척왜척양만을 가치로 여기던 전통적 삶에서 서양의 신지식과 신학문으로 국가와 민족을 새롭게 일신할 수 있음을 깨닫는다. 의로운 일로 수감생활을 한다고 자신한 백범은 감옥에 학교를 열어, 동료 죄수들에게 글자를 가르치고 신학문을 소개한다.

민족의 아들에서 어머니의 아들로

애당초 『백범일지』는 어린 두 아들에게 주는 유서 형식의 편지로 썼다. 하지만 상권이 완성될 때에는 나라와 민족을 위한 거국적인 메시지로 바뀌어 있었다. 백범 선생은 두 아들의 아버지에서 나라와 민족의 아버지가 된 것이다. 선생을 늘 곁에서 지켜보던 어머니도 같은 생각을 하였다. 어머니의 아들에서 나라와 민족의 아들이 되었을 때, 어머니는 아들 백범 선생에게 말했다. "나는 이제부터 너라고 아니하고 자네라고 하겠네. 또 말로 책하더라도 초달(회초리)로 자네를 때리지는 않겠네. 들으니 자네가 군관학교를 설립하고 청년들을 교육하며 남의 사표가 된 모양이니, 그 체면을 보아주자는 것일세."라고 한다.

임시정부가 이리저리 옮겨 다닐 때 백범과 주변 인물들이 어머니에게 생신상을 차려 드리려고 했다. 이를 눈치 챈 어머니는 "내가 먹고 싶은 것 사먹을 테니 돈으로 달라."라고 하였다. 그리하여 실제 돈으로 드리자 어머니는 그 돈으로 단총 두 자루를 사서 독립운동에 쓰라고 건넸다. 그런 어머니가 중국의 중경 땅에서 소천할 때에는 "내 원통한 생각을 어찌하면 좋으냐!"라며 조국의 독립을 보지 못함을 안타깝게 여겼다고 전한다.

1945년 해방 후 백범은 고국으로 돌아왔다. 그리고 어머니와 함께 걸었던 옛날 그 길을 찾아 나섰다. 비록 고난의 길이고, 자녀로서 어머니에게 더할 나위 없는 불효의 길이었지만, 민족 앞에서는 떳떳했던 그 길을 다시 밟는다. '국모보수'라는 명분으로 일인을 살해하여, 포승줄에 묶여 해주감옥에서 인천감옥으로 이송되던 그 모진 길을 어머니는 끝까지 동행했고, 백범이 그 길을 다시 찾은 것이다. 그 가운데서도 백범 선생의 마음을 가장 울린 곳은 개성 주변의 '故孝子李昌梅之墓'이다. 이씨 효자묘 앞에서 잠시 쉬어가던 일을 기억하며, 백범 선생은 어머니가 앉았던 자리를 애써 찾아가 앉아본다. 그리고 '풍수지탄'의 한을 되새기며 어머니를 그리는 무한한 상념에 빠진다. 나라와 민족의 효자 아들에서 어머니의 효자 아들로 다시 돌아오는 감동적인 장면이다. 거기에는 어떠한 정치적 당파성도 이념적 색깔론도 없다. 오로지 순수한 효심만이 가득할 뿐이다.

국가적 난세에 나라와 민족을 어떻게 해서든 다시 일으켜 세워보려던 거인의 모습 속에서 우리는 참된 인간의 가치가 무엇인지 발견하게 된다. 숱한 역경 속에서도 그가 그렇게도 목숨 바쳐 지향한 것이 나라의 자주독립이었다면, 바로 그런 그를 지켜준 것은 어머니의 사랑이었다. 이제 독립한 조국에서 그 어머니를 잊지 못하고 찾아간 자리가 효자의 자리였고, 또 어머니와 함께 걸었던 자리다. 인천 시내의 서구와 남동구를 잇는 도로가 백범로인데, 혹 해주감옥에서 인천감옥으로 압송될 때 어머니와 함께 걸었던 그 길이 바로 이 길이 아닐까. 지금은 주변에 공단이 자리하고 있어 운치 있는 길과는 거리가 있지만, 백범 선생의 어머니에 대한 생각을 한다면 더없이 소중한 길이 아닐 수 없다.

유교 지식인으로서 민족문제를 고민한

김창숙

　　박은식, 신채호, 장지연, 이상룡, 김창숙 등은 유교적 관점에서 근대 한국 사회의 문제를 해결하려고 했던 분들이다. 그러기 위해서는 먼저 구태의연한 유교가 달라져야 함을 역설한 것도 공통점이다. 박은식과 장지연은 조선 5백 년의 중심에 있던 주자학을 대신해서, 양명학을 수용하고 인민 중심의 유교운동을 펼쳤다면, 신채호는 무정부주의와도 같은 근대 서양 사상을 받아들여 유교 혁신을 주창한 선각자이다. 여기에서는 이들과 더불어 구한말 유교 혁신과 민족운동을 이끈 또 한 사람의 선각자인 심산 김창숙 선생을 살펴본다.

효자 집안의 효자

　　심산 김창숙(1879~1962년), 그는 경상북도 성주군 사월리에서 영남의 명문인 의성김씨 집안의 장남으로 태어난다. 여섯 살 때부터 글을 배우기 시작하여, 여덟 살에 『소학』을 읽고, 열세 살에 사서를 뗀다. 무엇보다도 심산의 삶에 지대한 영향을 미친 사람은 부친인 김호림이다. 엄한 부친은 어린 심산의 어리광을 받아주지 않았고, 인간으로서 마땅히 지켜야 할 덕목을 가르쳤다. 심산은 그런 부친을 존경하며 따랐고, 이를 훗날 글로 정리해서 남긴다. 「아버님 하강공의 유사」가 그것이다.

> "아버님은 아침저녁의 문안에 때를 잃지 않았고, 섬기기를 부지런히 하고 한 번도 그 뜻을 거스른 일이 없었다. 사서공(심산의 할아버지)이 혹 심한 꾸중을 하게 되면, 아무리 모진 추위와 심한 더위라도 반드시 문 밖에서 두 손을 마주 잡고 기다리며, 명이 내리기 전에는 감히 물러가지 않았다."(『김창숙문존』, 성균관대 대동문화연구원, 1986년. 이하 출처 생략)

한국의 전통적 효행이자 유교적 효행을 철저히 실천한 모습이다. 어려서부터 부친의 이런 효행을 보고 자란 심산은 자신도 모르게 효교육을 받은 셈이다. 한편 부친은 어머니에게 슬픈 기색이 있거나 좋지 않은 일이 있을 때에는 늘 웃음으로 분위기를 바꾸려고 했다. 심산이 목격한 아버지의 효행이다.

> "이 부인(심산의 할머니)이 덜 좋아하는 기색이 있으면, 문득 옆

에서 재롱을 피우고 웃으며 기어이 기뻐하는 것을 보고서야 그만
두었다.”

중국 고사에 '희채오친(戲彩娛親)'이라는 노래자의 효행 설화가 있
다. 노래자는 나이가 칠순이나 되었지만, 백수하는 부모를 위해 알록
달록한 오색 색동저고리를 입고 재롱을 떨었다. 물그릇을 가지고 마
루로 올라가다가 일부러 넘어지고는 어린아이처럼 어리광을 부리며
우는 척하여 부모님의 마음을 즐겁게 해드렸다는 고사이다. 심산의
부친도 아마도 이런 효를 염두에 두었던 듯하다.
　그리고 아무리 생활이 어려워도 부친은 부모님의 식사만은 꼭 챙
겨 드렸다고 심산은 상기한다. 부친은 철저한 효행을 몸소 실천하였
고, 그의 아들 심산도 이를 본받는다. 조부가 병이 나자 병을 치료하
기 위한 부친의 열성도 눈에 띈다.

　　“사서공은 노환이 점점 더해갔다. 아버님은 때맞추어 미음을
　　드리고, 몸소 약을 맛보며, 공경하고 조심하여 남이 미치지 못할
　　만큼 했다. 병환은 점점 심해져서 밤낮으로 수없이 자리에서 설사
　　를 하며 피를 쏟았다. 아버님은 반드시 몸소 거두어 닦아 깨끗이
　　하고, 심하면 문득 손을 대어 받아내며, 속옷과 변기 등을 가지고
　　매양 구석진 곳으로 가서 몸소 씻었다. 하녀와 하인들이 일찍이 대
　　신하기를 청해도 오히려 맡기지 않았다. 옷은 띠를 끄르지 않고,
　　잠은 이부자리를 펴지 않은 채, 잠시도 곁을 떠나지 않았으며, 혹

벽에 기대고 눈을 붙였다가 부르는 일이 있으면 즉시 대답을 하였다. 이렇게 거의 넉 달을 지냈으나, 조금도 지친 기색이 없었다."

이것 역시 고대 중국의 스물네 명의 효자 가운데 한 명이었던 전한 시대 고조의 셋째아들을 그리고 있는 '친상탕약(親嘗湯藥)'의 고사와도 같다. 고조의 셋째아들이 3년 동안이나 모친의 병상 곁을 지키면서 떠나지 않았고, 또 의관의 띠를 풀지 않고 병시중을 하면서, 탕약은 몸소 맛을 보았다는 효자 이야기다.

한편 심산의 부친은 공부하는 데에도 솔선수범을 보인다.

"손들이 많이 찾아들어 접대하기에 항상 겨를이 없었지만, 조금만 틈이 있으면 사서공을 모시고 경서와 사서(史書)를 강론하고 질문하였다. 사서공은 학문을 하여 도(道)에 나아가는 차례 같은 것을 들어 가르치고 힘쓰게 하였다. 아버님은 『소학』·『논어』와 같은 책들을 가지고 익히 읽고 깊이 생각하여 반드시 일상 언어와 행동 사이에서 체험하고 공부에 힘썼다."

심산은 이런 "아버님을 배우지 않고 누구를 배우겠는가."라고 하며 부친을 존경하고 따랐다. 그리고 유교 지식인으로 성장하여, 구한말 최고의 지도자가 된다. 공부하는 부친의 모습을 본받은 덕분이다. 영락없는 부전자전(父傳子傳)이라고 할 수 있다. 심산의 부친이 아들과 함께 공부하는 수십 명의 제자들에게 훈계한 내용도 의미가 있다. 교외에 나가 모를 심을 때의 일이다.

"너희들은 한갓 글을 읽는다는 것을 빙자하여 다만 부모 밑에서 입고 먹는 것이 편안하고 즐거운 줄만 알 뿐이다. 그러니 시대와 세상이 어떻게 변천되고 있고, 농사하는 어려움이 어떤 것인지를 어떻게 알 수 있겠느냐. 방금 온 나라가 멸망의 위기에 처해 있어 편안히 높은 집에 살며 하인들을 호령하여 앉아서 입고 먹기를 꾀할 때가 아니다. 너희들은 오늘 농사꾼들의 뒤를 따라 한번 농가의 고생하는 맛이 어떤 것인가를 맛보아라."

이렇게 해서 심산과 그 친구들은 부친의 명에 따라 농사 체험을 하게 된다. 함께 일하는데 주인 따로 하인 따로일 수 없다면서 모두 동등한 입장에서 일하고 먹고 마시도록 일렀다. 계급과 문벌 타파의 시대정신을 심산은 부친을 통해서 배운 것이다. 얼마나 모범을 보였던지, 동학 농민군이 심산이 사는 동네에 들이 닥쳤을 때에 "서로 일러 말하기를, 여기는 하강 김호림 공의 마을이다. 조심하여 범하지 말라."라고 했다고 한다.

나아가 심산의 부친은 민비 시해, 단발령 등 구한말에 우리 민족이 겪은 아픔을 토로하며 이를 극복해야 한다고 아들에게 교훈하였다. 부모 공경의 효 교육을 몸소 실천으로 보여주었다면, 민족의식 교육은 철저한 가르침으로 아들에게 전한 것이다.

"이놈들을 없애지 못하면 우리들이 반드시 식민지의 노예가 되고

말 것이다."라고 말하면서, 의병을 모으기 위해 직접 격문을 돌리기
까지 하였다. 주변에서 만류했지만, 부친은 "마음은 한 몸의 주인이
고, 몸은 내 마음의 집이라. 차라리 집 없는 주인이 될지언정, 주인 없
는 집이 되지는 말라."라는 시 한 수를 지어 보인다. 어용 관리로부터
협박도 받았지만 전혀 굴하지 않는 부친의 모습은 훗날 심산이 민족
운동을 할 때의 모습을 그대로 보는 듯했다.

이렇듯 심산은 소소한 일상생활부터 민족의식에 이르기까지 부친
의 영향을 심대하게 받는다. 그리고 그대로 실천한다. 부친의 말씀을
따르는 것이 효심이고, 또 그 실천 내용이 나라와 민족을 위한 일이었
으니 충이라 할 수 있다. 결국 심산의 효심은 충심으로 확산된 것이라
하겠다.

구국운동과 새나라 건설

부친을 통해 시대의 변화상을 배우고 민족의식에 눈뜬 심산은 먼
저 자신의 의식부터 새롭게 다진다. 선비랍시고 성리학적 고담준론이
나 일삼는 구태의연한 유교적 지식인들에 대한 반성과 비판을 『자서
전』에 담는다.

"당시 강한 외적이 나라를 위압하여 국사가 날로 글러지고 있
다. 나는 세속 학자들이 한갓 성리학의 오묘한 뜻만 고담(高談)할 뿐,
구국의 시급한 일을 강구하지 않음을 병폐로 생각하고 탄식하여,
'성인의 글을 읽고도 성인이 세상을 구제한 뜻을 깨닫지 못하면, 그

는 가짜 선비이다. 지금 우리는 무엇보다 먼저 이따위 가짜 선비들을 제거해야만 비로소 치국평천하의 도를 논하는 데에 참여할 수가 있을 것이다.' 라고 말하니, 듣는 이들이 모두 떠들썩하였다."

진정한 '치국평천하' 는 가짜 선비들을 먼저 제거하는 데 있다는 주장이다. 막상 그는 주변 권력과 결탁한 사람의 관직 제의를 거절하고는 나라 살리기 운동에 온몸을 던진다. 편안한 관직 생활을 포기하고 애국운동에 나선 것이다. "나라가 곧 망하겠다. 지금 문을 닫고 글만 읽을 때가 아니다."라고 외치면서 현장으로 달려간 것이다. 국권회복을 위한 애국계몽 활동으로서 대한협회 성주지회 활동은 이렇게 시작되었다. 그리고 동지들을 규합하여 다음과 같은 주장을 펼친다.

"우리들이 이 모임을 만든 것은 장차 조국을 구하고자 함입니다. 조국을 구하고자 할진댄 마땅히 구습의 혁파부터 시작해야 하며, 구습을 혁파하고자 할진댄 마땅히 계급 타파로부터 시작해야 하며, 계급을 타파하고자 할진댄 마땅히 우리의 이 모임으로부터 시작해야 할 것입니다."

새로운 사회를 갈구하는 사람들의 환호소리도 있었지만, 개혁에 반감을 가진 수구론자들의 반대도 만만치 않았다. 하지만 심산은 조금도 굴하지 않고 반대론자들을 향해 다시 한 번 외친다.

"일본 순경이 방금 칼을 뽑아들고 문간에 당도했다. 이놈이 도적인데 자네는 오히려 굽실굽실하며 맞아들이고, 도리어 나를 꾸짖는 격이로군. 자네는 어찌 저자들에게는 겁을 내고 나에게는 용감하단 말인가. 자네는 나를 꾸짖는 그 용기를 도적 몰아내는 데로 전환시킬 수 없단 말인가."

이로부터 심산은 보수적 유림들과 멀어졌다고 『자서전』에서 말한다. 한일합방에 찬성한 을사오적과 이를 방기한 당시 지식인들을 상대로 한 심산의 격한 반응이었다. 한마디로 "이 역적들을 성토하지 않는 자 또한 역적이다."라고 선언하면서 그들을 비판한다. 그리고 동지들에게 차근차근 그 논리적 근거를 설명하였다.

"나라의 존망에 관계된 중대사에는 아무리 포의(布衣 : 벼슬하지 않은 사람)라도 말할 수 있는 의리가 있으니, 이는 주자의 가르침이다. 우리의 의리상 일진회 역적들과 한 하늘 밑에 살 수 없다. 이놈들을 성토하지 않으면 우리나라에 사람이 있다고 할 수 있겠는가. 우리가 모두 백면서생으로 손에 아무 무기도 갖지 못했으니, 놈들의 고기를 씹고 가죽을 벗겨 원수를 갚고자 해도 실제 어떻게 해볼 도리가 없는 형세이다. 하물며 요즘 조정에서는 유생들이 상소해서 국사를 말하는 것도 허용하지 않는다. 지금 역적을 성토하는 방법은 오직 중추원에 건의하는 한 길이 있을 뿐인데, 여러분의 의견은 어떠한가."

이렇게 동의를 구한 일진회 성토건의서를 중추원에 보내고 각 신문사에도 전달한다. 물론 이 일로 인해 심산은 일본 경찰에 잡혀가서 고초를 당한다. 일경의 심문이 시작되자 심산은 꼿꼿하게 자신의 분명한 뜻을 전하며, 도리어 일본 경찰을 책망한다. "우리가 우리나라 역적을 성토하는데 도대체 일인이 무슨 상관할 것이 있는가."라며 간섭하지 말 것을 주장한다.

　하지만 당시 조선의 일부 식자층 중에서 일본대세론을 인정하고 또 그 대세에 따를 것을 요구하던 사람들은 "한국은 정치가 부패하였고 경제가 파탄지경이라, 만약 일본 정부가 잘 보호하지 않으면 자립할 수 없다. 이번에 송병준과 이용구 등이 한일합방을 제창한 것은 천하대세를 꿰뚫어본 인물의 주장이라 할 것이오. 당신들이 소위 역적을 성토한 일은 시세를 잘 아는 호걸들의 비웃음을 사기에 알맞다."라고 하면서, 억지 논리를 제시한다. 이에 심산은 허약한 조선은 선진 일본의 힘을 빌려 생존해야 한다는, 이른바 일제 식민통치 옹호론자들을 역적이라고 규정하면서 강하게 비난한다. 무엇이 나라에 해가 되고 도움이 되는지를 모르는 행위라는 것이다.

　"일본인이 만약 송병준과 이용구 등을 천하대세를 꿰뚫어본 인물로 인정한다면, 나는 일본의 망하는 날이 멀지 않은 것을 걱정하노라. 가령 일본의 힘이 떨치지 못하여 현재 우리 한국의 형편처럼 되어, 저 부강한 미국 같은 나라가 대군을 끌고 와서 위협하는 경우, 미국에 빌붙은 어떤 일인이 송병준, 이용구처럼 미일합방론을 제창한다면, 그때도 너희들은 또한 그들을 천하대세를 꿰뚫어본 인물이라고 인정하겠는가. 너희들 일인들은 충과 역의 큰 분간을 모르고 있으니, 나라를 팔아먹는 역적이 반드시 뒤따라 생겨날 것이다. 그래서 나는 일본이 망할 날이 머지않은 것을 걱정한 것이다."

일본 경찰 앞에서 당당했던 심산의 모습이 눈에 선하다. 혹 합방이 황제의 뜻이라 해도, 난명(亂命 : 정상이 아닌 혼미한 상태서 하는 명령)이니 따르지 않겠다고 단언하였다. "사직이 임금보다 중한지라 난명은 따르지 않는 것이 바로 충성하는 일이다."라고 주장한 것이다.

진정한 동양 평화론

일본 경찰은 한일합방이 동아시아의 평화를 위한 건설적 대안이라고 말하면서 심산을 회유하지만 심산은 단호히 거부한다. 일본의 강제 합병이 결국은 한일 간의 영원한 대립의 단초이자 원한이 될 것이란 뜻에서였다.

"일본이 만약 이런 따위 매국적을 이용해서 한국을 합병코자 한다면, 한일 두 나라는 필시 영원히 원수로 될 것이며, 또한 평화의 날도 결코 오지 않을 것이다. 우리가 이 역적들을 성토하는 것은, 실로 한일 양국의 행복과 동양 평화의 길을 강구하는 것이다."

진정한 동양의 평화는 약육강식의 논리에 입각한 합병이 아니라 평등한 양국관계 수립이라는 것이다. 평화라는 명분으로 한일합방을 강제한다면 이는 영원한 불행이 될 것이라는 예견이고, 이 예견은 딱 맞아떨어졌다.

이렇듯 철저한 자주독립 의식은 구국운동과 국채보상운동으로 이어진다. 하지만 국채보상운동에 일진회가 참여하자 탈퇴한 뒤, 학교를 세워 나라를 일굴 인재 양성에 나선다. 청천서원을 개수하여 성명학교를 세운 배경이다. 민족 고유의 서원을 개조해서 신식 학교를 만든다고 하여 일부 유림들이 반대하기도 했지만, 심산은 강행한다. 유림의 한 사람으로서 유림의 뜻도 중요하지만, 나라를 살리는 인재 양성이 더 급하다고 여겼기 때문이다.

유림의 각성을 논함

그래도 나라는 점점 자주 독립의 길과는 멀어져만 갔다. 오히려 나라를 팔아먹은 사람들이 판치는 세상이 되었다. 심산은 통곡하며 "나라가 망했는데, 선비로서 이 세상을 사는 것은 큰 치욕이다."라고 탄식한다.

당시 일본은 조선 인민을 회유하기 위해 포상정책을 펼친다. 공직에 있던 자, 고령자, 효자 열녀에게 포상금을 준 것이다. 그러자 온 나라의 양반들이 좋아하며 박수를 쳐댔다. 심산은 그런 사람을 볼 때마다 침을 뱉으며 꾸짖는다. "돈에 팔려서 적에게 아첨하는 자는 바로 개돼지다. 명색이 양반이라면서 효자 열녀 표창에 끼어든단 말이냐."라고 소리치면서, 그런 양반들과는 상종하지 않겠다고 선언한다. 그리고는 잠시 미친 사람처럼 방황하기도 했다. 하지만 어머니의 훈계를 듣고는 다시 정신을 차려 치국평천하의 방법을 모색한다. 먼저 유림의 각성을 촉구하는 일이었다.

1919년에 3.1운동이 일어나고 민족 대표 33인의 독립선언문 낭독이 있었다. 하지만 민족 대표 가운데 유림은 한 명도 없었다. 심산은 이를 안타깝게 여기며 다음과 같이 탄식한다.

"우리나라는 유교의 나라였다. 실로 나라가 망한 원인을 따져 보면, 이 유교가 먼저 망하자 나라도 따라서 망한 것이다. 지금 광복운동을 선도하는 3교의 대표가 주동을 하고, 소위 유교는 한 사람도 참여하지 않았으니, 세상에서 유교를 꾸짖어 '오활한 선비, 썩은 선비와는 더불어 일할 수 없다.' 할 것이다. 우리들이 이런 나쁜 이름을 뒤집어썼으니, 이보다 더 부끄러운 일이 있겠는가."

그는 탄식에 그치지 않고 대안까지 제시한다. 광복운동에 적극적으로 참여할 것을 제안한 것이다. 이를 위해서는 당시 유림의 최고 지도자들을 설득해야만 했다. 그리고 전통 예법에 매여 당장의 문제 해결을 등한시하던 유림을 일깨우는 작업에 나선다. 일제의 강압에 의해 황제가 복상을 기년(1년상)으로 한 것을 두고 유림 지도자가 걱정하자, "나라가 광복되면 이런 따위 그릇된 예절은 당연히 따라서 바로잡힐 것입니다. 어르신네께서 그릇된 예절을 바로잡고자 하면서 이 의논에 찬동하지 않는 것은 의리를 잘못 본 것입니다."라고 질정한다.

심산의 어머니도 아들의 이런 나라 살리기 운동에 적극 공감하고는 격려를 아끼지 않는다. 독립운동의 계획을 말하며 해외로 나가서 좀 더 적극적으로 펼칠 것을 밝힌 것이다. 파리강화회의에 유림 대표를 파견하여 국제 여론을 환기시키겠다는 계획이었다. 어머니는 조금도 슬퍼하거나 안타까운 생각을 갖지 않고, 아들의 손을 잡으며 "너의 이번 거사와 이번 걸음은 실로 네가 평소에 소원하던 바이니, 늙은 어미에 마음 쓰지 말고 힘써 하여라."라며 격려한다. 문밖까지 배웅한 어머니는, 이별을 아쉬워하며 머뭇거리는 아들에게, "네가 아직도 가사를 잊지 못하느냐. 네가 국인(國人)과 약속을 했으니 맡은 짐이 무겁다. 빨리 떠나가서 대사를 그르치는 일이 없도록 하여라."라며 오히려 빨리 떠날 것을 재촉한다.

목적지인 파리로 가기 위해 심산은 먼저 중국 상해로 간다. 거기서 동지들과 만나 자신의 계획을 말하지만, 이미 파리 국제회의에 파견된 인사가 떠났음을 알게 된다. 같은 목적과 내용을 갖고 파리로 떠난 지사가 있으니, 또다시 떠나는 것은 무의미하다고 생각한다. 그리하여 그냥 상해에 남아 임시정부 활동에 참여한다.

민족 지도자들과 임시정부 활동을 하면서 조국의 독립을 위한 본격적인 활동에 나선 것이다. 독립군 양성을 위한 기지 건설, 일제에 항거할 청년결사대 조직 등등의 일이다. 이로 인해 심산은 1927년에 일제에 의해 체포되어 투옥된다. 재판 과정에서는 변론을 거부한다. "내가 변호를 거부하는 것은 엄중한 대의이다. 나는 대한 사람으로 일본 법률을 부인하는 사람이다. 일본 법률을 부인하면서, 만약 일본 법률론자에게 변호를 위탁한다면 얼마나 대의에 모순되는 일인가."
라고 하며, 변론을 거부한 것이다.

결국 심산은 14년형을 선고받고 복역한다. 옥중에서 일본의 회유
와 협박을 받았지만 전혀 굴하지 않는다. 출옥 후에도 창씨개명 등 일
제의 강압에 의한 요구를 모두 거부한다. 일제에 끝까지 비타협적 자
세를 취하며 지조를 지킨 선비로서 후대에 이름을 남긴 것이다.

감옥에 있으면서 맞은 어머니의 기일에 쓴 시 한 수가 절절하다.
어머니가 임종할 때, 어머니는 심산의 이름을 세 번이나 불렀다고 한
다. 임종을 지키지 못한 심산의 안타까운 심정이 드러나 있다. 감옥에
있어 기일을 챙기지 못한 안타까움도 배어 있다. 아내 홀로 제사상을
차리고 눈물 흘리는 장면도 담겨 있다. 민족을 살리겠다는 뜨거운 애
국심이 절절한 효심과 어우러져 있는 작품이다.

어머님 제삿날에

가슴을 도려내는 슬픈 생각에
선영을 찾아드니
어머니의 부르시는 목소리
세 번이나 들리네.
훌륭하온 가르치심에
부끄러움이 앞서니
살아도 면목 없고

원수와 더불어

참고, 살아가자니

아픔이 가슴에 차네.

덧없이 불어만 나는 것은

끝끝내 모시지 못한

불효했던 마음

감히 바라는 것은

유동 충만한 가운데

좌우에 임하심이라.

알겠노라. 오늘 저녁

제사를 모시는 자리에

아내의 많은 눈물이

더욱 옷깃을 적시는 것을.

무궁화동산으로 민족을 일깨운
남궁억

　구한말 시기에 우리 사회의 저변에는 여전히 "노세노세 젊어서 노세."라는 노랫말처럼, 일을 열심히 하지 않는 풍조가 지배하고 있었다. 땀을 흘리고 힘을 쓰는 것을 천한 일이라 여기고, 노는 것을 최고의 가치로 여기던, 한마디로 "못 먹어도 놀자."라던 시절이었다. 이때 남궁억 선생이 나타나 "삼천리 반도 금수강산 위해 일하러 가자." 라며, 잠자던 조선을 일깨운 것이다. 외세의 침략 아래에 놓여 있던 우리의 아름다운 산하를 구하기 위해서는 땀 흘려 일을 해야 한다고 강조한 노랫말이다. "봄 돌아와 밭 갈 때가 곧 온다."라며 조국의 독립을 희망하는 찬가이기도 했다. 독립의 기운이 무르익고 있으니 함께 나가서 일을 하자는 노래다.

　일제의 위세에 짓눌려 마지막 희망조차도 잃어만 가던 이 땅의 민중들을 노래로 일깨운 것이다. 힘찬 노랫말로 대한의 용솟음치는 힘을 불어넣어 주면서 잠든 조선 민중을 깨우고, 그들이 새로운 조국 건설에 앞장서 줄 것을 주창한 노래다. 하지만 이 노래는 일제에 대한 반항정신이 깃들여 있다고 해서 금지곡으로 지정된다. 찬송가에도 수록된 이 노래가 금지곡 제1호가 된 셈이다.

갓 쓰고 영어를 배운 민족의 선각자

한서 남궁억(1863~1939년), 그는 서울 정동의 왜송골에서 태어났다. 불행하게도 아버지를 일찍 여의고 홀어머니 슬하에서 성장한다. 용모가 워낙 뛰어나고 품행과 자질이 좋아서 주변의 칭송이 자자했고, 사서삼경을 어깨너머로 공부해서 통달한다. 이렇게 스무 살까지는 한문 공부를 하면서, 어머니를 돕고 가문을 일으켜 세우려고 노력한다.

1884년에는 서울 재동의 관립 영어 학교에 들어가 도포와 갓을 쓴 채로 공부한다. 영어 실력을 인정받은 그는 1889년에 고종의 어전통역관이 되어 구미 6개국 순방 사절단원으로 참여한다. 유럽을 여행하면서 서구 열강의 모습을 낱낱이 목도하고는 조국의 열악한 현실을 자각한다. 어떻게 해서든 조국을 재건하겠다는 의지도 이 시절에 다지게 된다.

귀국 후 선생은 여러 정부조직에 관여하면서 입신양명의 효행 실천의 기반을 다진다. 1896년에 서재필의『독립신문』에 참여했고, 독립협회 수석총무를 맡는다. 1898년에『황성신문』의 초대 사장이 되지만, 필화를 겪어 두 번이나 구속되어 옥고를 치른다. 1907년에는 오세창·장지연 등과 함께 대한협회를 창립하고 회장에 취임한다. 본격적인 일제 강점기 이후로는 배화여학교에서 9년간 영어를 가르쳤고, 1918년에는 선영이 있는 강원도 홍천군 서면 모곡리(보리울)로 내려가 교회와 학교를 세우고 교육에 전념한다. 1933년에는 '반일 애국사상과 무궁화 사건'으로 또다시 구속되었다가, 이듬해에 집행유예로 풀려난다. 하지만 그가 세운 학교는 폐쇄된다. 이렇듯 그는 1939년에 소천하기까지 민족지도자로서 민족을 위해 열정적인 삶을 불태운다.

효심 교육을 위한 가정교육 교과서 편찬

남궁억은 바른 인성 교육을 위해 『가정교육』이라는 교재를 직접 편찬한다. 교재의 내용은 각 장의 제목만 봐도 한눈에 알 수 있다. '제1장 시부모 섬기는 법', '제2장 남편 섬기는 법', '제3장 아이 기르는 법', '제4장 하인 부리는 법', '제5장 가법(家法)을 세움', '제6장 친구 사귀는 법', '제7장 음식품의 이해(利害)를 분간하는 법' 등이다. 전통적 효 교육방법을 기반으로 정리했다는 시대적 한계가 뚜렷하지만, 행복한 사회를 위한 하모니 공동체로서의 부모 공경, 어린이 사랑, 가족 사랑, 이웃 사랑, 자연 사랑의 정신을 잘 발현한 책이다.

애국심 교육의 전초기지 학교

강원도 홍천에 "모곡학교를 설립한 이유는 지방 청년에게 다소간이나마 시대에 적응하는 교육을 하고, 지방을 발전하도록 함과 동시에, 원래 예수교 독신자(잘 믿는 사람)로서 학교를 설립하여 그 학교에 다니는 아이들이 부형에게 예수교의 취지를 보급하도록 하여 교도를 획득한다는 것이 주된 목적이었다."(1933. 11. 7. 「남궁억에 대한 일제의 신문조서」)라고 그를 취조한 일본 경찰의 기록은 전한다.

그는 독립협회에서 윤치호를 만나 깊은 관계를 유지하면서 나라와 민족의 장래를 함께 고민한다. 그들이 가장 주목했던 교육은 국가 현실을 감안한 애국 차원에서의 역사 교육과 여성으로서 꼭 알아야 할 진보적 여성 교육이었다. 그래서 그는 영어를 가르치다가도 한국의 역사를 가르쳤으며, 1924년에는 단군조선에서 시작해서 3.1운동까지의 역사를 기록한 『동사략』 5권을 내놓는다. 1929년에는 선인들의 모화사상으로부터 벗어나 자주독립의 기상을 일깨우기 위해, 동화체로 『조선이야기』를 저술한다. 그가 쓴 책의 공통점은 모두 애국정신 함양을 담고 있다는 점이다.

그는 민족의식 고취 차원에서 무궁화 꽃으로 삼천리 금수강산을 수놓은 지도를 만들었고, 어떤 때는 태극기를 무궁화 꽃으로 수놓았다. 일제는 선생이 이렇게 무궁화 꽃을 이용하여 한반도 지도와 태극기를 만든 행위가 일본에 대한 저항이라면서 압수하고 감옥에 가두었다. 그렇다고 선생의 무궁화 꽃에 대한 사랑이 그친 것은 아니다. 민족과 독립을 상징하는 무궁화 묘목을 길러 전국의 교회와 사립학교에 보내는 운동을 펼친 것이다. 이와 함께 100여 곡의 시와 노래를 지어 겨레와 대한인의 가슴에 독립사상을 일깨우는 작업도 병행한다.

삼천리 무궁화동산을 꿈꾸다

(제1절) 우리의 웃음은 따뜻한 봄바람, 춘풍을 만나 무궁화동산
　　　　우리의 눈물이 떨어질 때마다, 또다시 소생하는 이천만.
(제2절) 백화가 만발한 무궁화동산에, 미묘히 노래하는 동무야
　　　　백천만 화초가 웃는 것 같이, 즐거워하라 우리 이천만.
(후　렴) 빛나거라 삼천리 무궁화동산, 잘 살아라 이천만의 조선족.

　강원도 홍천에 내려가 '무궁화동산'을 만들고 지은 노랫말이다.
마을 어린이들이 어깨동무하고 부른 이 노래는 무궁화로 나라 사랑
정신을 일깨우는 신념이 곳곳에 가득 차 있다. 무궁화는 '다함이 없
는 꽃'으로, 질긴 생명력을 지닌 우리 민족의 상징이다. 무궁화는 새
벽이슬을 머금고 피어나서 저녁이 되면 아물었다가, 아침이면 다시
피어나는 꽃이다. 한번 피기 시작하면 가을이 될 때까지 매일매일 새
로운 꽃을 피우기 때문에 은근과 끈기를 지닌 우리의 민족성과 민족
의 얼을 대변하기도 한다. 윤치호가 「애국가」가사에서 '무궁화 삼천
리 화려강산'을 노래한 것도 선생과 의논했다는 뒷이야기가 전한다.
　선생은 일본 식민지 세력이 일장기와 사쿠라(벚꽃)를 보급하려고
하자, 나라를 지키는 차원에서 무궁화 지키기 운동을 전개한다. 무궁
화 묘목을 길러 전국의 학교와 교회, 그리고 일반 사회단체와 가정에
보급하였는데, 그 이유는 단 한 가지, 곧 무궁화가 우리나라를 상징하
기 때문이었다. 계속 피어나는 무궁화를 보급하면서 우리의 역사를

다시금 일으켜 세워보려고 했던 것이다. 이 일은 결국 1930년대 민족문화 수호운동 중 가장 유명한 사건이 된다. 하지만 일본 경찰은 무궁화 묘목을 불태우고 남궁억 선생을 감금하면서 이 일을 중지시킨다.

내가 죽거든 무궁화나무 밑에 묻어라

"설악산 돌을 날라 독립기초 다져 놓고,
청초호(靑草湖) 자유수를 영(嶺) 너머로 넘겨,
민주의 자유강산을 이뤄놓고 보리라."

양양군수로 부임할 때 지은 시이다. 조국의 독립과 자유 민주 사회를 갈망하는 마음을 간절히 그리고 있다. 그러기 위해서는 바른 정신, 바른 신앙, 바른 국가관이 필요했다. 남궁억은 전통적 한학 교육으로 시작해서 서양 학문을 접하면서, 홀로된 어머니와 가정을 세워보려는 효심을 갖고 있었다. 동시에 근대화 교육에 대한 열망으로 신학문에 매진하면서, 망한 나라를 세워보려고 노력하였다. 효심에 기반을 둔 애국정신으로 나라의 기틀을 바로잡는 독립운동을 전개한 것이다.

남궁억, 그는 학교 교육을 통해 애국심 고취운동을 솔선하면서 다섯 차례나 옥고를 치렀고, 일제의 강압과 회유로 수많은 애국자들이 변절하는 환경 속에서도 지조를 굽히지 않고 오히려 무궁화동산을 만들어 무궁화와 더불어 한평생 겨레를 생각하며 살았다. 또 그 정신을 노랫말 속에 담아 민족의 가슴을 울리며, 마지막까지도 "내가 죽거든 무덤을 만들지 말고, 무궁화나무 밑에 묻어 거름이 되게 하라."라는 유언을 남겨 무궁화와 함께 잠든, 그래서 조국 대한의 영원한 꽃이 된 사람이다.

지행합일을 실천한 양심
박은식

"을지문덕 장군의 뜻은 신출귀몰하고,

강감찬 장군의 뜻은 하늘을 감동시켰으며,

이순신 장군의 뜻은 대나무 같아라."

박은식이 열 살 때 지은 시이다. 아버지는 어린 아들의 시를 읽으며 눈물을 흘렸다. 어려서부터 총명했던 그를 바라보는 부친의 감개무량한 마음이 눈물로 표현된 것이다. 가문의 흥망을 자식 농사에서 찾던 시절, 똑똑한 대들보로 성장하는 자식의 모습을 보면서 아버지는 흡족했을 것이다. 벼슬길에 오르지 못한 아비의 설움을 자신의 아들이 해소해 줄 수 있다는 믿음이 눈물로 변해 흐른 것이다.

가문의 대들보 아들

박은식(1859~1925년), 그는 황해도 황주에서 부친 박용호와 모친 노씨 사이에서 태어났다. 모두 다섯 형제였지만 네 명은 일찍 죽고, 오로지 박은식만이 살아남았다. 집안에서는 대를 이을 유일한 사람이었기에 어려서부터 노심초사 애지중지 키울 수밖에 없는 분위기였다.

박은식이 태어나던 무렵은 대내외적으로 혼란이 더해만 가던 시절이었다. 중국에서는 아편전쟁이 일어나 영국이 중국 대륙을 넘보고 있었고, 여타 지역에서도 서구의 제국주의 세력들이 다방면으로 침략을 노골화하고 있을 때였다. 조선에서는 1800년대에 순조가 즉위하면서 외척에 의한 세도정치가 극성을 부린 이후, 정치적으로 더욱 혼란해졌고, 19세기 중·후반 이후로는 외세의 간섭도 본격화되었다. 이래저래 나라 안팎이 시끄럽고 혼란한 시절이었다.

특히 세도정치는 중앙정치뿐만 아니라 사회 전반에 혼란을 야기했고, 사회기강도 흔들어놓았다. 민중들의 삶도 파탄지경이었고, 탐관오리의 득세는 농민들의 불만을 누적시키고 있었다. 민란이 발생한 것도 이 즈음이다. 1862년 2월에 발생한 경상도 진주의 농민운동은 그 가운데 가장 대표적인 경우이다. 이른바 진주민란이다. 박은식이 네 살 되던 해의 일이다.

아버지는 박은식이 어린 시절에 이렇게 사회가 혼란스러운 것을 안타까워하며 나라가 안정되어야 한다고 늘 가르쳤다. 부친의 우국충정을 이해한 어린 박은식은 위기 속에서도 나라를 구한 위인들을 생각하였고, 장차 자신도 나라 위한 대들보가 되겠노라고 다짐한다. 앞서 소개한 을지문덕·강감찬·이순신 장군을 소재로 한 시를 지은 배경이다.

민생 현장으로 눈을 돌린 총명한 효자

속설에 공부를 일찍 시작하면 수명이 짧아진다는 말이 있다. 손이 귀했던 박씨 집안의 유일한 핏줄이었던 박은식이 공부를 늦춘 이유였다. 박은식은 열 살 되던 해에 부친이 훈장으로 있던 동네 서당에 입학한다. 입학하자마자 그는 뛰어난 글 솜씨를 보인다. 이렇게 7년을 서당에서 공부하면서 사서삼경과 제자서들을 탐독한다. 학문적으로 주자를 신봉했던 그는 자신의 공부방에 주자의 영정을 걸어 놓고 매일 아침 예를 표한다.

애당초 과거시험을 위한 공부가 아니라 실질적인 공부를 원했던 그는, 서당을 마치고 전국을 돌며 민초들의 아픈 현실에서 참된 학문의 방향을 찾는다. 처음에는 입신양명의 길을 가기를 원했던 부친도 아들의 이러한 뜻에 공감하며 후원한다. 가는 곳마다 그 지역 학자들과 시국을 논하고 민심의 동태를 파악하며 토론을 이어간다. [※ 나중에 박은식은 그래도 제도권 내에서 시국을 바로잡는 게 필요하다는 부친의 뜻에 따라, 과거(향시)에 응시하여 특선으로 합격한다.]

전국을 돌아다닌 지 4년째 되던 해에 박은식은 다산의 얼이 서린 경기도 광주에 이른다. 다산 정약용은 조선 후기 실학의 집대성자이다. 그곳에서 우연히 다산 선생의 제자인 신기영이란 사람을 만난다. 박은식으로부터 민생을 위한 정치를 하기 위해 전국을 돌고 있다는 말을 들은 그는 박은식의 말에 화답하며 당시의 양반들을 비판한다. 큰소리로 겉으로만 백성을 위한다고 하면서 실제로는 백성들의 고혈을 짜내는 사대부 양반들을 강하게 질책한 것이다. 그리고는 다산 선생의 가르침이야말로 이 시대에 가장 필요한 것이라고 힘주어 말한다. 한마디로 '실사구시(實事求是)', 곧 실학을 강조한 것이다.

실학이란 실제 생활에 필요한 학문이라는 뜻이다. 그것이 또 백성을 위한 학문이라는 것이다. 이것이 박은식의 삶에 일대 전환점을 이루는 계기가 된다. 그 동안 박은식은 주자의 가르침을 최고로 여겼고 이상으로 생각했다. 하지만 다산의 학문을 접하면서 시야를 넓히고 실학의 세계로 나아간다. 이 과정을 통해 박은식은 학문적 깊이는 물론 시야를 넓혀 나간다.

안중근 의사의 부친 안태훈과의 만남

황해도 해주로 간 박은식은 황해도에서 부잣집으로 소문난 안태훈의 집을 찾는다. 안태훈과 박은식은 이미 황해도가 낳은 신동으로 널리 알려진 터라, 두 사람의 만남은 자못 흥미를 끌었다. 또 두 사람은 매관매직이 만연한 부패한 관직 사회에 대해 비판적 입장을 취해 애초부터 관직에 뜻을 두지 않았다는 공통점도 지니고 있었다. 안태훈의 맏아들이 훗날 독립투사인 안중근이었음을 생각해본다면, 그의 시국관이 어떠했으리라는 것은 능히 짐작하고도 남는다. 또 안태훈은 김옥균·박영효 등 개화파 사상가들과 함께 갑신정변을 일으킨 장본인으로 지목되어 쫓겼던 전력을 갖고 있었다.

박은식은 이런 안태훈의 시대를 바라보는 안목과 시국관에 동의했고, 그때의 인연으로 훗날 『안중근전』을 지어 그의 뜻을 국민들에게 알리기도 하였다.

이렇게 전국을 돌며 다양한 사람들을 만나오던 박은식에게 고향으로부터 비보가 전해진다. 부친이 세상을 떠났다는 소식을 접한 것이다. 어려서부터 효심이 극진했던 그는 오열하고 만다. 일찍이 결혼을 약속했던 연안이씨와의 결혼도 미루었다. 그리고 전통적 효행의 핵심이었던 삼년상을 마친 다음에야 혼례를 올린다.

양명학을 기반으로 하는 우국충정

1882년에 임오군란이 일어나자 박은식은 커다란 충격을 받는다. 구식 군대의 차별에서 비롯된 임오군란이 정국을 돌이킬 수 없는 소용돌이로 몰아가자, 그에 따른 대책과 나라의 부흥 방안에 대한 구체적인 방책을 적어 상소를 올린다. 우국충정을 담은 시국책이었다. 조정은 이를 받아들이지 않았지만, 박은식은 실망하지 않고 평안남도 영변의 산속으로 거처를 옮겨 학문 연구에 몰두한다. 위정척사파 학자들과 만나 교류하기 시작한 것도 이때이다. 위정척사파는 서양 사상을 오랑캐 문화라 생각하며 배척하던 유학자들이다. 그렇다고 박은식이 이들처럼 서양 학문을 배척한 것은 아니다. 학문에 입문한 것은 주로 주자학에서 시작했지만, 나중에는 양명학에 뜻을 두고 주자학을 비판하는 자리에 서기도 한다. 『황성신문』 주필로 민중 계몽운동에 앞장설 때, 그는 주자학을 비판하며 다음과 같은 언설을 펼친다.

"주자학은 그 규모의 면밀함과 의리의 깊음 때문에 세상에 퍼져 있는 여러 잘못된 가르침들을 물리치는 데 공이 크기는 하지만, 언론과 학술의 자유를 막고 새로운 발명과 진취의 길을 막는다."

학문적 자유를 추구하는 그의 생각이 잘 담겨 있는 말이다. 양명학의 지행합일(知行合一) 사상과 서양 철학은 상통한다면서, 동·서양의 사상적 기반을 토대로 자신의 철학적 기초를 구축한다. 그리고는 양명학적 세계관을 기반으로 구국운동과 독립운동을 펼쳐 나간다. 여기에 그가 주장한 내용을 요약하면 다음과 같다.

"첫째, 왕 중심의 지배자 철학인 유학은 공자의 대동사상과 맹자의 민본주의로 바뀌어야 한다. 둘째, 유교도 불교·기독교와 같이 민중의 교화에 힘써야 한다. 셋째, 주자학이 아니라 양명학으로써 후진을 가르쳐야 한다."

나라를 살리고 민족을 부흥시킬 사상을 양명학에서 찾은 것이다. 그리고 서양의 학문을 통해서 삶을 윤택하게 하고, 좀 더 넓은 세상을 보아야 한다고 주창한다. 하지만 나라는 임오군란과 갑신정변 등으로 더욱 미궁의 나락으로 빠진다. "조선은 사공 없는 쪽배 신세가 되어 떠다니다가 폭풍을 만나고 높은 파도를 만나 바다 속으로 가라앉게 될" 것이라며 한탄하였다. 결국 나라를 살려야 한다는 결의를 다지며 행동에 옮긴다. 자강(自強)에 대한 결의를 다지고 고향으로 돌아와 못

다한 공부에 매진하기 시작한 것이다.

애국의 현장으로

박은식은 남궁억과 함께 국민 계몽을 위해 개최한 만민공동회에 참석한다. 연사들의 연설을 들으며 나라 사랑에 대한 뜨거운 열정도 갖는다. 『황성신문』 주필로 있던 그는 연사와 만나 조국의 장래를 깊이 있게 논의한다. 그 연사는 바로 훗날 초대 대통령이 된 이승만이다. 이런 인연으로 박은식은 독립협회 회원이 된다. 나중에는 임원으로 활동하며 국민 계몽운동에 적극적으로 가담하기도 한다. 그러던 중에 일제의 집요한 방해 공작으로 독립협회와 만민공동회는 해산되고 만다. 하지만 여기에서 실망하여 포기할 수는 없다고 생각한 그는, 『황성신문』 논설을 통하여 교육의 중요성을 전보다 더 강조한다.

"오직 교육 한 가지만 흥왕하게 되면 이어져 있는 국가의 맥을 돌이킬 수 있으며, 땅에 떨어진 국권을 회복할 수 있다. 그러니 한국 사람들로 하여금 남의 노예가 되는 것을 달갑게 받고, 국가를 위한 사상이 없다고 보면 더 말할 수 없거니와, 그렇지 않고 그 나라로 하여금 그 독립의 광영을 회복하고, 그 백성으로 하여금 그 자유의 권리를 잃지 않게 하려면, 오직 교육을 넓혀서 백성의 지혜를 발달케 하는 것이 제일 중요한 임무이다."

그리고 성균관의 후신인 경학원에서 사서오경을 강의하고, 한성

사범학교에서는 새로운 지식을 더욱 힘써 교육해야 한다며 교사 양성에 주력한다.

교육이야말로 진정한 애국

자강이야말로 가장 중요한 나라 살리기라고 생각한 박은식은 교육 사업에 매진한다. 이는 교육자로서의 그의 평소 가치관에 잘 드러나 있다.

"학교가 흥왕하면 그 나라가 문명국이 되고, 학교가 흥왕하지 못하면 그 나라는 굶뜨고 헐벗은 나라가 된다. 대저 백성의 뜻을 일깨우고 우매함에서 벗어나게 하는 것이 바로 학문 정책의 목적이다."

약육강식의 무한 생존경쟁 사회에서 조선이 사는 길은 교육뿐이라고 강조한 것이다. 자강 교육과 더불어 상무(尚武)정신의 함양도 아울러 주장한다. 상무정신은 훗날 무장 항일투쟁 과정에서 의병운동에 큰 영향을 미친다. 또한 그는 여성 교육의 중요성도 강조하며 "여성은 아동을 키우는 중심인물이다. 여성들이 현모양처로만 머물면 안 된다. 그들도 자신을 가지고 키우면서 이 나라에 보탬이 될 수 있어야 한다."라고 하여 여성을 독려한다. 유학자로서 매우 획기적인 발언이 아닐 수 없다. 조정에 올린 상소문에서도 교육의 중요성을 강하게 표현한다.

"외국의 끊임없는 간섭과 침입으로 나라는 어려움에 처해 있습니다. 이럴 때일수록 교육을 더욱 강화해야 합니다. 나라에서는 많은 학교를 세우고, 의무적으로 교육을 받게 하며, 자식을 학교에 보내지 않는 부모는 처벌해야 합니다. 그리고 군에는 중등학교를, 서울에는 대학을 세워서 전문적인 교육을 해야만 우리나라가 살아날 수 있습니다."

의무 교육을 주장하면서, 혹 자녀 교육을 등한시하는 부모는 처벌해야 한다는, 당시로서는 매우 혁신적인 주장을 담고 있다. 그리고 몸소 학교를 설립하는 일에도 나선다. 1908년에는 오성학교를 설립하고 교장에 취임하였다. 이후로 안창호·이갑·양기탁·이동녕·이동휘와 함께 신민회라는 비밀단체를 조직하여 새로운 국민[新民]운동에 뛰어든다. 자포자기하는 국민들을 대상으로 민족운동과 교육운동을 적극적으로 추진하려는 단체였다. 하지만 조선은 1910년, 박은식이 52세 되던 해에 완전히 국권을 상실한다. 그러자 울분을 삭이며 그는 망명길에 올랐고, 국권을 회복하겠다는 굳은 다짐을 한다.

망명 생활과 독립투쟁

1912년에 상해에서 박은식은 신규식·홍명희 등과 독립운동단체인 동제사를 조직한다. 러시아 블라디보스토크에서 항일운동을 하던 신채호도 합류한다. 틈틈이 역사의식을 불어넣어 주기 위한 역사 편찬에도 심혈을 기울인다. 『한국통사』와 『한국독립운동지혈사』를 집필한 것이다. 출간되자마자 곧바로 베스트셀러가 된 『한국통사』는 해외에 거주하는 동포들에게 한국인으로서의 자긍심을 불러일으켰고, 아울러 애국심과 민족혼을 심어주었다.

한편 1919년에 국내에서 3.1운동이 일어나자 우리 민족의 독립운동사를 서술해서 후세에 알려야 한다고 생각한다. 『한국독립운동지혈사』를 저술한 목적이다. 1884년의 갑신정변으로부터 1919년의 3.1운동, 1920년대 독립군의 항일 무장투쟁까지, 일본의 침략에 맞선 우리 민족의 투쟁사를 정리한 것이다. 여기에는 우리 민족의 독립 의지와 열망을 왜곡 보도하는 일제 침략자들의 논리를 반박하기 위한 의도도 포함되어 있었다.

이렇듯 순수하게 민족의 장래를 위해 학문적으로 애쓰던 그에게 임시정부 제2대 대통령이라는 자리가 주어진다. 정치가보다는 교육자로서의 삶을 살아온 그에게 대통령이라는 자리가 주어진 것이다. 1925년 3월 23일의 일이다. 하지만 그는 4개월 만에 향년 67세의 나이로 서거한다. 장례식은 상해에서 대한민국 사상 최초의 국장으로 치러진다. 1962년에는 건국훈장이 수여되었으며, 1994년에는 서울 동작동 국립묘지로 이장된다.

격동의 시대에 실천적 지식인으로서 나라와 민족의 장래를 걱정하면서, 교육자로서, 정치가로서 오로지 나라의 독립을 위해 활동한 그가 남긴 흔적들은 지금도 후손들 마음 가운데에 뚜렷한 족적으로 남아 살아 움직이고 있다. 특히 그가 남긴 빛나는 한국 역사 관련 책들은 한국인의 주체적 삶과 의지를 기리는 매우 중요한 자료이다.

미국 내 최초의 한국인 의사
서재필

　서재필이 태어났던 무렵의 조선은 은둔의 나라였다. 대원군의 고립주의와 쇄국주의는 조선을 더욱 갇힌 사회로 만들었다. 조선 사회는 변화하는 세상과 짝하기를 결사적으로 거부한 것이다. 베일 속의 조선이 신비한 나라로 비쳐지면서 세력을 확대하려는 열강의 간섭은 나날이 더해 갔다. 후발주자인 일본과 중국도 빈틈을 노리고 있었다. 서구 열강과 주변 강대국들의 조선에 대한 압박이 강토를 유린하고 인민을 살상하는 것으로 드러났음에도 조선은 요지부동이었다. 그런 조선 사회를 향해서 서재필은 국제 사회를 향한 개방과 교류운동의 절실함을 제창한다. 개방의 대세를 따를 것을 종용한 것이다. 그리고 세습적 귀족주의를 비난하고 만민 평등을 외친다. 국민으로서의 권리를 행사하지 못하는 반쪽 인생들을 향해서 주권재민을 설파한 것이다.

입신출세의 효자

서재필(1864~1951년), 그는 전남 보성군 문덕면 용암리, 보성강 가의 가내마을에서 태어났다. 그가 태어나던 해에 아버지가 과거에 급제해서 고을 원님으로 임명된다. 겹경사가 난 것이다. 서재필의 애칭을 쌍경(雙慶)이라 한 것도 이 때문이다. 그의 가문은 대대로 관직을 지낸 전형적인 양반가였다. 외가에서 성장한 그는 유난히 똑똑해서 또래의 다른 아이들보다 먼저 『천자문』과 『동문선습』을 읽었다. 노래도 얼마나 잘했던지 주변을 감동시킬 정도였다. 그의 노래에 탄복한 어떤 사람은 양반의 자제이기 때문에 가수가 될 수 없음을 안타까워했다. 이렇게 다방면에 뛰어난 서재필이 서울 생활을 하게 된 것은, 아들이 없던 칠촌 아저씨 댁의 양자가 되면서부터다. 총명하고 영리했던 그를 서울로 보내 더 큰 일을 도모하도록 배려한 것이고, 본인도 이에 동의하고 기꺼이 따른다.

"내가 일곱 살 때쯤 해서 서울로 왔는데, 우리 아버지 말씀이 넓은 바다에서라야 큰 생선이 마음대로 자랄 수 있는 것과 같이, 사람도 사람이 많이 사는 문화 중심의 넓은 천지에 살아야만 될 수 있는 것이니, 서울로 가라는 말씀이 계셨다. 그때 나의 어린 생각에도 좁은 시골에서 공부하는 것보다는 서울 같은 큰 도시에서 유명한 사람에게 배우는 것이 가장 옳을 것이라 생각하여, 나의 외숙 김성근 씨의 집으로 올라왔다."(『서재필 박사 자서전』, 이하 출처 생략)

1876년, 서재필이 열두 살 때 한일수교조약, 일명 강화도조약이 일본의 강요에 의해 체결된다. 이를 목도한 서재필은 비록 어린 나이였지만 억울함을 삭이면서 공부에 매진한다. 열국의 손아귀에서 놀아나는 조선을 살리기 위해서였다. 뛰어난 그의 실력은 열여덟 살 때인 1882년에 장원급제로 결실을 맺는다. 23명의 급제자들 중에서 서재필의 나이가 가장 어렸다. 입신출세로 효의 최종 단계를 이미 이룬 셈이다. 여기까지가 부모와 가정을 위한 효의 기본 단계였다면, 이때부터는 나라 사랑·이웃 사랑·인류 봉사라는 확대된 효 실천 단계로 나아간다.

보수에서 진보로, 그리고 신학문과의 만남

서재필이 새로운 세계에 눈을 뜬 것은 크게 두 가지 계기로 나누어 말할 수 있다. 하나는 당대 최고의 진보적 지식인이었던 김옥균을 만난 것이고, 다른 하나는 일본에 망명해 있을 때 기독교 선교사를 만난 일이다.

먼저 젊은 서재필은 개화당의 지도자인 김옥균을 만나 자신의 인생길에서 스승으로 삼는다. 열세 살 많은 김옥균을 존경과 흠모의 대상으로 삼은 것이다. 서재필은 스승 김옥균의 뜻에 따라, 1883년 5월에 무예를 배우기 위해 일본으로 떠난다. 조선의 주권을 회복하기 위해서는 강해져야 한다는 뜻에서였다. 비록 문인이라도 나라를 살리기 위해서는 무인의 기예를 배워야 한다는 스승의 뜻을 받든 것이다. 그리고 1884년 7월, 13개월 동안의 신식 무예 연마를 마치고 돌아와 고종 황제의 재가를 받아 신설된 사관학교의 교장이 되지만, 민비와 청나라의 강력한 반대에 부딪쳐 뜻을 이루지 못한다. 그의 실망과 좌절은 개화파의 위기와 무관하지 않았다. 개화당을 와해시키려는 움직임도 본격적으로 일어난다. 개화당의 대표격인 김옥균과 박영효는 자주독립국을 건립하기 위해서는 좀 더 적극적인 행동이 필요하다며 서재필을 설득한다. 두고두고 역사에 길이 남을 갑신정변(1884년 12월 4일)을 일으킨 것이다. 하지만 세상을 바꿔보려는 정변은 보수세력의 강력한 반격으로 인해 3일천하로 끝나고 만다.

개화파 지식인인 김옥균·박영효·서재필은 결국 일본으로 망명길에 오른다. 일본 망명이 비록 실패와 좌절의 길이었지만, 거기에는 또 하나의 새로운 만남이 기다리고 있었다. 미국에서 파견된 기독교 선교사와의 만남이었다. 그를 통해서 서재필은 선진 미국 사회를 알았고, 기독교 세계관을 접하면서 새로운 정신세계를 경험하게 된다. 그리하여 1885년에 일본을 떠나 미국으로 건너간다.

미국 내 최초의 한국인 의사

미국에서는 주경야독하며 고된 생활이 연속되었지만, 결정적인 순간마다 좋은 이웃의 도움을 받는다. 성실하면서도 뛰어난 재능을 지녔던 서재필에게 미국인들은 후원자가 되기를 자청한다. 공부를 계속할 수 있는 발판이 마련된 것이다. 필립 제이슨(Philip Jaisohn)이라는 영문 이름도 이때부터 쓰기 시작한다. 그는 미국 학생들과 똑같이 겨뤄서 조금도 뒤지지 않는 실력을 뽐낸다. 우수한 성적으로 고등학교를 졸업하고 라파예트대학과 뉴저지에 있는 프린스턴대학에 모두 합격하지만, 조선의 선교사가 되어 주기를 원했던 후원자의 뜻과 달라 대학 입학은 무산되고 만다.

그는 더 큰 꿈을 꾸며 새로운 세계에 도전하였고, 1889년에 컬럼비아대학에서 의학 공부를 시작한다. 그리고 1892년에 한국인 최초로 의학사(MD) 학위를 받고, 다음해에는 의사 자격을 취득한다. 이후로 서재필이 미국에서 하는 일들에는 모두 '한국인 최초'라는 수식어가 붙게 된다. 실력도 인정받아 모교의 의과대학 교수로 임명되었고, 미국인 여성과 결혼할 때에는 『워싱턴포스트』지에 '저명한 의사이며 과학자'라는 소개의 글이 실린다.

자신을 버린 조국, 그 조국을 잊지 못하고 돌아온 서재필

미국에서 잘 나가던 서재필에게 조국의 소식이 들려온다. 갑신정변의 실패로 정계에서 물러났던 개화파가 다시 정권을 잡았다는 소식이었다. 총리가 된 박영효가 서재필을 외무차관에 임명하고 귀국을 종용한다는 소식도 듣게 된다. 하지만 이도 잠깐, 수구세력의 득세로 개화파 정권은 또다시 수세에 몰리고, 총리로 있던 박영효가 미국으로 도망쳐 온다. 서재필을 만난 박영효는 그간의 긴박했던 전후 사정을 말하고는, 그에게 조국으로 돌아와 봉사해달라고 간절히 요청한다.

피는 물보다 진하다고 했던가. 풍요의 땅 미국이 아무리 살기 좋고 자신을 인정해준다 하더라도 자신을 낳아준 조국을 잊을 수는 없었던가 보다. 조국이 자신을 버렸더라도 그는 조국을 버릴 수 없었던 것 같다. 정변 실패 후 망명길에 올랐을 때, 그의 가족이 대부분 자살하거나 또는 몰살되었다는 소식을 접했을 때만 하더라도 조국은 원수의 나라였다. 그 후로도 조국은 틈만 나면 자신의 생명을 위협하는 경계의 대상이었다. 이렇듯 조국이 조국일 수 없는 이유는 한두 가지가 아니었지만, 서재필은 고민에 고민을 거듭하다가, 마침내 귀국하기로 결심하게 된다. 모든 것을 잊고 고국으로 돌아가리라. 이제 다시 돌아가 조국을 위해 봉사하겠노라고.

1895년 11월, 서재필은 잘 나가던 미국 생활을 접고 고국인 조선으로 향했고, 같은 해 12월 25일 성탄절 아침에 제물포항에 도착한다. 고국을 떠난 지 10년이라는 세월이 흘렀건만 고향산천은 달라진 게 하나도 없었다. 여전히 낙후하고 불결한 모습 앞에서 무거운 상념에 빠져든다.

나라 바로 세우기에 몰두한 세월

조국에 돌아온 서재필은 옛 동지들인 서광범과 유길준을 만나 새로운 구상을 펼친다. 백성들을 개화하는 것이 우선적인 과제라고 여겨 신문 발행을 계획하였고, 강연회를 다니면서 몽매한 국민을 계도하는 것도 자신의 몫이라 생각한다. 1896년 1월 19일 오후 1시, 우리나라 최초의 강연회가 조정 대신들과 수백 명의 관리들이 참석한 가운데 남별궁 터에서 열린다. 이 자리에서 서재필은 국가의 자주적 자세와 주체의식을 지닌 백성의 역할에 대해 힘주어 말한다. 생전 처음

듣는 강연 내용에 수많은 청중들은 감동과 감격의 눈물을 흘린다. 그리고 '백성이 주인 되는 나라로!', '우리도 할 수 있다.'라는 결의를 다진다.

그런 다음 국기에 대한 경례가 이어졌다. 대한민국 역사상 처음으로 서재필은 강연회 참석자들과 함께 태극기를 향해 경례를 거행한다. 애국심 함양을 위한 국기에 대한 경례가 일상화되는 단초를 마련한 역사적 순간이었다.

매주 한 차례씩 강연은 계속되었다. 강연회가 활성화되자 신문 제작도 탄력을 받는다. 외무차관 윤치호와 같은 유력 인사들의 도움도 이어진다. 1896년 4월 7일, 조선 역사상 처음으로 대중을 위한 한글판『독닙신문』곧『독립신문』을 발행한 것이다. 서재필은 논설을 통해 애국애족과 여성 해방을 주장하였고, 위생 관념, 도로와 철로의 개설 필요성 등 조선에 필요한 사회 전반의 요소들을 신문을 통해 강조한다. 현대화를 위해 개혁해야 할 모든 분야를 망라하여 지적한다.

1896년 7월 2일, 서재필이 조직한 독립협회는, 이듬해 1월 10일에 서대문 밖 영은문 자리에 조선의 독립을 상징하는 독립문을 세운다.『독립신문』과 독립협회가 본격적으로 활동 무대를 넓혀가면서, 조선은 개화의 물결로 넘실댄다. 1898년 3월 10일에 독립협회 주최로 서울 종로에서 개최된 만민공동회는 1만 명 이상이 운집한 대규모 집회로 치러진다. 하지만 이런 기세는 서재필을 견제하는 사람들에게 위기의식을 불러일으켰고, 그가 다시 망명길에 오를 수밖에 없는 이유가 된다. 1895년 12월 25일부터 1898년 5월 14일까지 2년 4개월 동안

『독립신문』과 독립협회를 만들어 조국 살리기에 나섰던 그는, 주변 사람들의 시기와 질투에 의한 견제로 또다시 실망과 분노를 가슴에 안고 조국을 떠난다.

미국에서 이어지는 독립운동, 그리고 반복되는 입·출국

쓸쓸히 미국으로 돌아간 서재필은 조국의 암울한 소식을 연이어 접한다. 1905년 을사조약, 1910년 한일합방, 그리고 이에 분기충천한 1919년의 3.1운동 등등, 조국의 절박한 소식을 접한 서재필은 재미 동포들을 모아 1919년 4월 14일에 한인연합대회를 열고, 조선 독립의 당위성을 만장일치로 결의한다. 그리고 미국 정부를 상대로 조선의 독립을 위한 외교활동에 나선다. 이때 함께한 사람이 훗날 초대 대통령이 된 이승만이다.

서재필은 뛰어난 영어 실력과 풍부한 경험을 바탕으로 미국 내 유력인사들을 두루 찾아다니며 조선 독립의 필요성을 역설한다. 이런 노력들이 성과를 거두어 1945년에 해방을 맞이하여, 해외에서 활동하던 독립지사들이 하나둘 고국으로 돌아올 때, 서재필은 조용히 미국에 머문다.

하지만 해방된 조국에서 들려오는 소식은 찬탁과 반탁, 각 정파들 간의 갈등, 좌우 이념의 대립 등 암울할 소식뿐이었다. 혼란한 조국의 모습을 보고 가슴아파하던 서재필은 다시 한 번 조국으로 발길을 돌린다.

돌아온 서재필을 환영하는 인파는 인천항부터 서울운동장까지 이어진다. 운집한 인파가 정치적 야망을 지닌 다른 사람들에게는 달갑게 보이지 않았던 것 같다. 정치적 견제로 인해 서재필은 또다시 미국으로 돌아간다. 미국으로 돌아간 서재필은 닫았던 병원을 다시 열고 의사로서의 본분을 다하고 있던 중, 1950년에 6.25전쟁이 발발했다는 소식을 듣고 충격을 받는다. 충격에서 벗어나지 못한 서재필은 1951년 1월 5일, 향년 86세로 평화와 자유가 실현되는 조국을 염원하며 조용히 하늘나라로 떠난다.

민주주의와 자유를 열망하며 조국의 독립과 해방을 위해 온갖 정열을 바친 거장의 죽음은 너무나도 외롭고 쓸쓸했다. 하지만 그가 남긴 개혁정신과 자유민주주의에 대한 열정과 헌신은 두고두고 후손들이 지켜야 할 사명이 된다. 끝으로 그가 얼마나 자유민주주의와 동족 간의 우애를 강조했는가를 그의 언설에서 찾아본다.

"조선을 민주주의화하는 것만이 조선 민족의 살길임을 나는 확신한다."

"민주주의화하는 것이 진정한 자유와 독립을 향유하는 길이다."

"(다른 사람을) 동정하고 친애하는 것은 모든 사회생활의 기초가 된다. 남을 생각하고 남을 위하는 데서 협조도 있고, 공동일치도 생기는 것이다."

대한민국 해군 창설의 주역
손원일

"우리의 각오와 포부는 충무공 정신을 계승하여 일단 유사시에
는 일당백이 아니라 일당천으로써 오로지 조국 광복과 융성의 초
석이 될 것을 서약하는 바입니다."(1947년 11월 11일, 해방병단 창설 2주
년 기념식 훈시)

대한민국 해군 창설의 주역, 해군사관학교의 전신인 해병학교 개
설, 초대 해군참모총장, 해병대 창설 등 근대 한국 해군의 산파 역할
을 감당하여 해군의 영웅이 된 사람, 바로 손원일 제독을 두고 하는
말이다.

나그네 인생

손원일(1909~1980년), 그는 평양에서 대한민국 임시정부 의정원 의장을 지낸 독립운동가인 부친 손정도와 모친 박신일 슬하의 5남매 중 셋째로 태어난다. 민족이 한창 수난을 겪고 있던 시절에 태어난 그는 독립운동에 투신한 부친을 따라 곳곳을 전전하며 떠돌이 삶을 살아간다. 1913년에 부친이 독립운동하다 진도로 귀양살이를 가자, 가족들은 뿔뿔이 흩어져 살게 된다. 그러다가 1914년에 귀양살이에서 풀려나면서 서울 정동에서 온 가족이 함께 생활한다. 원일의 기억 속에 남아 있는 어린 시절도 이때부터이다. 주변에 있던 배재학당과 이화학당 학생들이 놀러와 어린 원일과 접촉하는 기회가 잦아지면서 다양한 추억이 생긴 것이다. 그때 김활란도 만나게 된다. 훗날 원일의 기억에서 가장 큰 부분을 차지한 것은 정동 시절에 형과 누나들에게서 받은 사랑이었다.

하지만 이런 시간도 부친이 독립운동에 투신하면서 오래 가지 못한다. 부친이 본격적으로 나라 찾기 운동에 발 벗고 나선 것이다. 평양의 보통강 가에서 "내 잠깐 어디 좀 다녀올 테니 잘들 있거라."(오진근 외, 『손원일 제독』, 한국해양전략연구소, 2006년)라는 한 마디를 남기고는 어디론가 사라진 것이다. 그때는 사유를 몰랐지만, 나중에야 기약 없는 망명길에 올라 독립운동 대열에 합류했다는 것을 알게 된다.

부전자전 애국지사의 효자 아들

이후로 원일의 형제들은 모친의 보살핌 속에서 어렵게 살아간다.

부친의 망명 소식을 뒤늦게 접한 일제는 모친을 강제로 끌고 가서 모질게 고문을 가한다. 또한 석방한 후에도 감시의 눈길을 거두지 않았다. 원일과 그의 형제들은 고문 후유증으로 시달리던 모친을 정성껏 간호하며 밤을 지새운다. 일본 경찰의 감시는 원일의 가족을 더욱 어렵게 했지만, 어린 원일은 모친을 더욱 극진히 모시며 받든다.

1919년 초, 원일이 소학교 2학년 때 일이다. 담임선생님이 "머지 않아 독립운동이 시작된다. 3월 1일을 기해 평양에서도 만세를 부르게 되어 있는데, 그때 사용할 태극기를 함께 만들자."라고 제안한다. 원일은 학교 공부가 끝나자마자 선생님과 함께 태극기 제작에 참여한다. 그리고 독립만세운동이 벌어지자 원일은 품에 감추었던 태극기를 나누어준다.

누군가가 '대한독립만세'를 외치자, 평양 시내 군중들은 삽시간에 거대한 물결을 이룬다. 비록 열한 살밖에 안 된 원일이었지만, 맨 앞자리에서 만세운동에 동참한다. 그날 밤 모친은 "네 아버지도 당초 민족 대표 33인 중에 들어 있었지만, 옥고를 치른 후 계속 몸이 성치 않아 표면에는 나서지 못하도록 동지들이 말렸기 때문에 이름이 빠졌다."라는 사실을 아들에게 말한다. 원일은 모친의 이야기를 들으면서 뭔가 모를 뿌듯한 기분을 느낀다. 부전자전, 이럴 때 쓰는 말이 아닐까.

원일이 부친을 다시 만난 것은 1921년 중국 길림에서다. 다시 온 가족이 모여 생활하게 된 것이다. 다른 형제들은 공부를 잘했지만, 원일만은 좀 뒤쳐졌다. 부친은 열심히 공부하면 북경에 유학을 보내주겠다고 원일과 약속한다. 그 후로 밤낮을 가리지 않고 공부에 열중한다. 중간 이하였던 성적이 오르기 시작해서 당당히 1등을 한다. 한번 마음먹은 일은 반드시 하고야 마는 집념의 결과였다. 부모도 기뻐하며 약속을 지키려고 했지만, 갑자기 눈병에 걸려 책을 볼 수 없을 정도로 악화된다. 결국 북경 유학을 포기하고, 도수 높은 안경을 착용하고 생활하게 된다. 열일곱 살 때의 일이다.

훗날 그는 "그때 눈병이 나서 북경 유학을 포기하고 상해의 중앙대학교로 간 것은 전화위복이었다. 해군 창설을 위해 하나님이 나를 이 길로 이끄신 게 아닌가 생각한다."라며 당시를 회고한다. 상해에서 공부를 했기 때문에 항해학을 공부할 수 있었고, 나중에 대한민국 해군 창설에 기여할 수 있었다는 것이다.

노래로 부르는 나라 사랑

부친이 동포 어린이들을 위한 공민학교를 열자, 원일은 거기에서 우리말을 가르친다. 직접 작사 작곡한 노랫말도 가르치면서 나라 사랑과 독립의 염원을 담아냈다.

(1절)
낙심 마소 우리 동포 형제들이여
마른 풀도 봄이 오면 꽃이 핀다오
우리 커서 내 나라 다시 찾으면
기쁨 넘쳐 조국 찾아갈 때 있으리.

(2절)

만주벌의 찬바람이 불지를 마소
떨며 가는 애국청년 뒷모습 보소
오늘 이곳 내일 저곳 정처 없으니
하늘이여 한번 굽어 살펴주소서.

구절구절 애국심이 묻어나는 노랫말이다. 효심이 있다면 충심도 절로 나오는 듯, 부친의 절절한 나라 사랑 정신을 알게 모르게 아들이 전수받았고, 효심 넘치는 아들은 부친의 애국심을 자연스레 받든다. 아버지가 소천한 이후로 아버지를 그리며, 아버지가 그리도 원하던 조국의 독립을 위해 자신도 역시 헌신할 수 있는 길을 찾는다. 해군이 되어 나라를 찾는 데 이바지하려는 생각도 절실해진다. 이런 꿈을 꾸며 국내로 돌아오지만, 그를 반긴 것은 일본 경찰이었다.

그는 1934년에 귀국과 동시에 종로경찰서로 연행된다. 다짜고짜 비밀임무를 띠고 국내에 잠입하지 않았느냐며 취조를 받는다. 모진 고문도 당한다. 부친의 독립운동 행적이 고스란히 남아 있던 터라, 아들도 역시 그럴 것이라고 예단하여 닦달한 것이다. 독립운동을 한 가문의 씨를 말리겠다는 일제의 방침이, 원일을 온갖 취조와 고문으로 괴롭힌 것이다. 고문을 감내하는 게 너무 힘들어 자살을 하려고 결심하지만, 그마저 마음대로 되지 않았다. 이렇게 두 달 동안 고문을 당한 뒤, 마침내 혐의가 없자 석방된다.

감옥에서 보낸 두 달은 그에게는 20년과도 같았다. 고문의 후유증으로 인해 생긴 협심증과 신경통은 독립지사들이 공통적으로 겪는 훈장과도 같은 것이었는데, 원일도 예외는 아니었다.

손원일의 이런 철저한 독립정신은 그의 자녀들에게도 전달된다. 그는 "나라가 없는 사람은 집이 없는 사람과 같다. 그래서 나라도 독립을 해야 하고, 개인도 독립을 해야 한다. 독립을 하지 못하면 항상 남한테 구속되어 인간다운 생활을 할 수 없는 법이다."라며 나라의 소중함을 일깨운다.

희망의 종소리

그는 감옥에 갇혀 생활하면서 세 가지의 잊지 못할 소리를 듣게 된다. 고문할 때 양동이로 끼얹는 물소리와 감옥 문 여는 소리, 그리고 교회의 종소리가 그것이다. 그 중 교회의 종소리는 가장 큰 위안을 주었다고 말한다. 독방에 갇혀 생활하면서 무엇보다 불안한 고독감에 휩싸여 있을 때, 교회의 종소리는 따뜻한 생명의 소리이자 희망의 메시지로 다가왔던 것이다. 어린 시절 정동교회에서 배재학당과 이화학당의 형 누나들과 함께 부르던 찬송가 소리를 회상하며 희망을 잃지 않도록 한 것이 바로 교회의 종소리였던 것이다.

출옥 후에도 그는 늘 감시를 받는다. 행동반경도 국내로 제한되고, 외국으로 출국할 수 없게 된다. 출국 금지령과 금족령을 내린 것이다. 가족들도 크든 작든 수시로 투옥되고 감시를 당한다. 친척들 가운데 일본 경찰에 끌려가 고문당한 사람만도 무려 8명이나 된다. 가깝게 지내던 윤치호를 찾아가 울분을 토해내면, 그때마다 윤치호는

"그리 오래 가지는 않을 것이니 참고 기다리게."라며 위로한다.

안창호와의 만남

도산 선생과는 상해에서 만난 적이 있는데, 그로부터 10년 만에 다시 만나게 된다. 부친의 임종을 지키지 못한 것을 늘 안타까워하던 차에, 부친과 가까이 지내던 도산 안창호 선생을 다시 만난 것이다. 도산 선생을 만나자 원일은 아버지의 체취를 느낀다. 하지만 도산 선생도 부친과 같은 지병을 앓고 있었다. 부친 못지않게 독립운동을 하다가 고생한 원일에게, 도산은 "젊은 나이에 고생이 심했구나. 자포자기 말고 조금만 더 참고 있으면 좋은 날이 올 것이다."라며 격려한다.

효자 집안에 충신 난다면, 충신 집안에 효자 난다는 말도 가능할 것 같다. 조국의 독립을 보지 못하고 세상을 떠난 부친을 그리워하며 더욱 나라 사랑운동에 매진한 그의 뜻을 생각해보면 더더욱 그러하다. 부친의 뜻을 잇는 것이 효라면, 그 효가 바로 충이었던 것이다.

1945년에 광복을 맞아 중국에서의 망명생활을 접고 귀국하는 원일의 마음은 반가우면서도 무거움으로 가득했다. 그토록 염원하던 자유 조국을 보지 못하고 세상을 떠난 부친에 대한 그리움 때문이었다. 고국으로 돌아오는 기차에 몸을 싣고는 풍수지탄(風樹之嘆)의 한을 느낀다. 중경 임시정부에서 출발하여 북경을 경유하는 경성행 열차에서다. 고국행 열차가 정차할 때마다 동포들의 자유 함성소리가 흘러넘쳤다. 원일은 함성 소리를 들으며 결심한다. 첫째 온전한 조국의 독립을 이루고, 둘째 독립된 자유 한국에서의 해군을 창설하겠다는 것이었다.

고국 땅을 밟은 그가 제일 먼저 찾은 곳은 혜화동에 있는 어머니 집이었다. 큰절로 인사를 올리고 뜨거운 모자간의 정을 확인했다. 그리고 주변에 흩어져 사는 가족들을 일일이 찾아다니며 재회의 기쁨을 나눈다.

신사 해군 창설

귀국한 그는 해군 창설을 계획하며 함께 일할 동지들을 규합하여 나선다. 먼저 연희전문학교 교장을 찾아가서 자신의 뜻을 밝힌다.

"저는 중국 상해에서 잠시 귀국하던 도중에 광복을 맞았습니다. 8월 16일 서울에 도착했는데, 그 전에는 중국 상해에 있는 중앙대학교 항해과를 나와 외국 상선을 탔습니다. 배를 타고 여러 나라를 돌아다니는 동안 조국이 광복을 맞으면 내 손으로 해군을 창설해야겠다는 생각을 해왔습니다. 이제 광복이 됐으니 해군을 창설하는 일에 이 한 몸 바칠까 합니다. 그러나 막상 이 일을 하려고 하니 아는 사람도 없고 해서, 먼저 선생님께 도움을 청하고자 이렇게 찾아뵙게 되었습니다."

주변의 도움을 청할 만한 사람들을 찾아다니며 설득하자, 뜻을 같이 하는 사람들이 하나 둘 모였다. "조국의 광복에 즈음하여 앞으로 이 나라 해양과 국토를 지킬 뜻있는 동지들을 구함."이라는 벽보를 붙이기도 한다. 직접 전단지와 풀 통을 들고 다니며 벽보를 붙인 것이다. 마침 종로4가에서 "우리의 바다는 우리가 지키자. 조국의 바다를 지켜 나갈 충무공의 후예를 모집함."이라는 벽보를 붙이고 있던 김영철이란 사람을 만난다. 나중에 해군사관학교 교장과 해군참모총장을 지낸 사람이다.

해군을 모집하는 방법이 어설프고 초라했지만, 거기에는 원대한 꿈이 담겨 있었다. 운영 경비는 손원일을 비롯한 지도층의 사재를 털어 일부 충당했다. 초창기의 한국 해군은 영락없는 사설 군대나 다름없었다. 그래도 200여 명이나 응모했다. 그 가운데 최종 80명을 선발하여 대원 교육에 들어갔다. 안국동의 한옥 한 채를 빌려 해사대를 꾸렸고, 필요한 경비는 손원일과 함께한 간부들이 분담했다. 초창기의 해사대는 운영에 도움을 받기 위해 여운형이 이끄는 건국준비위원회(건준)에 소속되어 활동한다.

하지만 건준이 좌경화하자 곧바로 탈퇴한다. 조선해사협회로 재탄생한 것이다. 그리고 미 군정청의 도움을 받는다. 처음에는 "우리는 조국의 해군을 건설하려는 것이지 해안경비대가 되어 군정청의 심부름이나 하려는 게 아닙니다."라고 말하며, 미 군정청의 제한된 임무 요청을 단호히 거절하지만 "멀지 않아 당신네 나라에 정부가 수립되고 나면 해안경비대가 해군으로 바뀔 것입니다. 그렇게 되도록 최선을 다해 지원하겠습니다."라고 군정청 관리가 약속하자 그들의 요구를 받아들인다. 이렇게 해서 대한민국 해군의 모체가 된 200명 규모의 해안경비대(해방병단)가 창설된다. 또한 진해에 해군사관학교를 설치하기로 합의하였다.

이렇게 하여 11월 11일에 해방병단이 창설된다. 지금은 상업주의에 물들어 '빼빼로데이'로 더 많이 알려져 있지만, 대한민국 해군이 창설된 날인 것이다. 이날을 창설일로 정한 데에는 깊은 뜻이 담겨 있다. 11을 한자로 쓰면 '十一'이다. 이를 아래위로 붙이면 선비를 뜻하는 士가 된다. '선비 사(士)'자 둘이 있는 11월 11일을 '신사 해군'의 날로 정한 것이다.

무예·용맹·성실·명예·예의·신의·약자 보호 등 세련된 행동과 예절바른 자세, 곧 신사도를 실천하는 군대가 해군이라는 것이다. 어떤 절박한 상황에서도 흐트러짐이나 동요 없이 어린이·노약자·여성을 우선하는 신사도 정신이 날짜에도 반영된 셈이다.

그리고 정식으로 국방사령부의 예하 부대가 된 것은 1946년 1월 14일이고, 1월 17일에 드디어 사관학교(해군병학교)가 창립된다. 사설 민간부대처럼 창설한 해방병단이 공식적인 국방부 산하의 해군 부대로 거듭났고, 사관생도를 배출하는 해군사관학교가 생겨난 것이다. 구한말에 잠시 강화도의 갑곶진(지금의 강화대교 아래쪽)에 설치했던 통제영학당이 최초의 해군사관학교라면, 52년 만에 그 맥을 이어 해군 장교를 양성하기 위한 교육기관이 설립된 것이다. 그리고 손원일은 초대 교장에 취임한다.

나라 사랑과 효심

정부조직법에 의거하여 정식으로 국방부에 소속된 대한민국 해군이 된 것은 대한민국 정부가 수립되고 난 뒤인 1945년 8월 16일의 일이다. 육군과 해군으로 이루어진 국군은 광복군의 독립투쟁 정신을 계승한다는 뜻을 담아 선포한다. 손원일은 해군참모총장에 임명되고, 대한민국 해군 최초의 제독이 된다. 제독이 되고, 해군참모총장이 되고, 대한민국 해군의 대표가 되면서, 명실상부하게 강한 해군을 만드는 것이 나라를 살리는 길이라고 생각한다.

그리고는 낙후한 해군 병선의 현대화 작업에 박차를 가한다. 단 한 척도 없던 해군 함정을, 모금을 통하여 한 척씩 사들인다. 직접 구매 현장으로 달려가서 실랑이를 벌이면서 흥정도 하고 정비도 한다. 가진 돈이 많지 않았기에, 값을 깎는 일이 다반사였다. "나라를 위해 물건 값을 깎는 당신들이야말로 진짜 애국자"라는 소리도 듣는다. 해군 총수가 직접 나서서 물건을 사고, 밤낮없이 정비하면서, 나라를 위해 구두쇠작전을 펼친 것이다. 1950년 6.25전쟁이 발발하기 직전의 일들이다.

그리고 민족적 불행인 6.25전쟁이 터지자, 손원일은 새로 구입한 해군 함정을 이끌고 참전한다. 특히 그가 창설한 해병대는 인천상륙작전이 성공하도록 하는 데에 큰 힘을 보탠다. 상륙작전을 위한 사전 첩보 수집에서도 그의 지휘 역량은 유감없이 발휘된다.

인천상륙작전 직전의 일화다. 그는 어머니에게 큰절을 올리며 "어머님, 오랫동안 못 뵈올 것 같습니다. 영영 못 뵐지도 모르겠습니다. 소자는 지금 나라를 위해 전쟁터로 가려고 합니다. 제 걱정은 마시고 만수무강하십시오."라고 말한다. 효심과 나라 사랑에 대한 비장한 각오가 서려 있는 작별인사였다.

독립운동가의 아내이자, 또한 독립운동에 뛰어든 아들의 어머니답게 늠름한 아들을 바라보며 짧게 화답한다. "나라를 위해 죽으러 간다는데 내가 어찌 막을 수 있겠느냐! 꼭 네 아버지 같구나." 이렇게 말하고 나서 어머니는 자랑스러운 아들의 얼굴만 쳐다볼 뿐 더 이상 말을 하지 않았다.

인천상륙작전의 한국군 선봉

1950년 9월 15일 새벽, 인천상륙작전을 개시하는 운명의 날이다. 손원일은 함교에서 상륙 개시 명령을 기다리는 해병대 장병들에게 훈시한다. "장병 여러분, 우리는 지금 인천 앞바다에 와 있습니다. 우리는 드디어 오늘 상륙작전을 감행하게 됐습니다. ……이 작전이야말로 불법 남침한 북괴군을 분쇄하고 위기에 처한 조국과 민족을 구하며, 정의와 자유를 회복하는 계기가 될 것입니다." 긴장된 분위기 속에서 엄숙함과 비장함이 묻어나는 훈시였다. 그리고 함정에 남아 있을 것을 요청한 맥아더 원수의 말을 뒤로하고 직접 상륙함에 몸을 싣는다. 우리의 땅을 직접 수복하겠다는 결의이자, 해병 용사들과 생사를 함께 하려는 정신에서였다.

훗날 그때의 심경을 "배 안에만 있을 수가 없었습니다. 딴 생각은 전혀 안 나고, 한시라도 빨리 서울을 탈환해야만 서울 시민들의 고생과 희생을 줄일 수 있을 거라는 생각뿐이었습니다. 우리는 서울을 향해서 마치 화살처럼 달려갔습니다."라고 밝혔다. 지휘관의 목숨을 건

솔선수범이 인천상륙작전을 성공으로 이끌 수 있었던 것이다. 인천을 수복하고 기념하는 자리에서 인사말과 만세삼창을 이끈 장본인도 손원일 제독이었다.

"바다로 가자"

손원일은 해군이 창설되고 지도자를 배출하면서도 일본 곡조로 된 군가가 불리는 것을 마땅치 않게 생각한다. 그리하여 그날부터 노래 만들기에 착수한다. 해군을 상징하는 노래를 만드는 일이었다. 이렇게 해서 만든 노래가 「바다로 가자」라는 군가이다. 가사는 손원일 교장이 직접 자신의 삶과 철학을 담아 썼고, 작곡은 부인인 홍은혜가 맡았다. 1946년 9월말, 대한민국 해군가보다 먼저 만들어진 노래다. 부부가 함께 노력하여 완성한 노랫말이다.

(1절)
우리들은 이 바다 위해 이 몸과 맘을 다 바쳤나니, 바다의 용사들아 돛달고 나가자 오대양 저 끝까지.
(2절)
우리들은 나라 위하여 충성을 다하는 대한의 해군, 험한 저 파도 몰려 천지 진동해도 지키자 우리 바다.
(3절)
석양의 아름다운 저 바다 신비론 지상의 낙원일세, 사나이 한평생 바쳐 후회 없는 영원한 맘의 고향.

(후렴)

나가자 푸른 바다로 우리의 사명은 여길세, 지키자 이 바다 생명을 다하여.

끝으로 말년에 병마와 싸우면서도 절약정신에 투철했던 그의 삶을 살펴보자. 한겨울임에도 온기가 돌면 보일러를 끄라고 하면서, "인간의 적은 낭비야. 기름 한 방울 안 나는 나라에 살면서 보일러를 왜 그렇게 오래 돌려. 연탄도 마찬가지야. 광부들이 석탄 한 덩어리를 캐려고 몇 백 미터씩 지하로 내려가서 고생하는 걸 생각해야 돼. 추우면 내복을 꺼내 입어."라고 하였다. 이미 쇠할 대로 쇠한 그가 남긴 마지막 말에서 진한 애국심이 묻어난다.

"내 나라를 도로 찾으려고 고귀한 생명을 바친 우리 조상들의 사무친 한과 나라를 지키려고 싸우다 산화한 장병들의 넋과 한을 잊지 말아야 한다. 나라 없는 서러움보다 더한 것은 없다는 걸 명심하고, 다시는 내 조국을 남에게 빼앗기지 않도록 잘 지켜 주기를 간절히 바란다."

절대적 자유를 외친 혁명가

신채호

한평생 민족계몽운동을 하며 혁명가적 삶을 살았고, 무애생(無涯生)·일편단생(一片丹生)·단생(丹生)·단재(丹齋)·금협산인(錦頰山人)·연시몽인(燕市夢人)·적심(赤心)·열혈생(熱血生)·검심(劍心)·한놈 등과 같은 어딘지 범상치 않은 필명을 사용했으며, 또 중국에 망명 중에는 유병택·유맹원·박철·옥조숭·왕국금·윤인원 등의 여러 가명을 사용한 사람, 바로 단재 신채호 선생이다.

몰락한 양반가의 촉망받는 효자

단재 신채호(1880~1936년), 그는 지금은 대전시에 편입된 충청남도 대덕군 산내면 도리미 마을에서 부친 신광식과 모친 밀양박씨의 둘째 아들로 태어난다. 신채호의 18대조가 조선 시대 세종 때 한글을 만드는 데 큰 공을 세운 신숙주로, 잘 나가던 집안이었지만, 할아버지 신성우가 정6품 사간원 정언 벼슬을 그만둔 이후로 이곳 도리미 마을에 내려와 안착한다. 그러나 가세가 기울어 안동권씨의 집성촌 한 구석에 기거하며 어렵게 생활한다. 한마디로 몰락한 양반가의 아들로 태어나 자란 신채호는 가난 때문에 영양실조에 걸려 고생한다. 부친이 세상을 떠나자 집안 형편은 더 어려워진다. 훗날 중국에서 독립운동을 하면서, "나는 어렸을 때 콩죽에 하도 질려서, 쉰 살이 가까운 지금에도 콩죽이라면 몸서리가 날 만큼 신물이 난다오."라고 회상했을 정도다.

여덟 살 위의 형인 재호는 동생을 무척 귀여워했고, 동생도 형을 잘 따라, 형제간의 돈독한 우애로 주변의 칭송이 자자했다. 예나 지금이나 부모에게 잘하는 것은, 형제간에 우애 있게 지내고 공부를 열심히 잘하는 것이었다.

여덟 살 때 서당 훈장이었던 할아버지에게 교육받으며, 아홉 살 때에는 어른들도 읽기 힘든 『자치통감』을 모두 해독하는 매우 뛰어난 재능을 보인다. 한시도 곧잘 지어 주변 어르신들을 놀라게 한다.

低風强弱[(연이) 높이 또는 낮게 뜨는 것은 바람의 강약에 달려 있고],

遠近絲長短[(연이) 멀리 또는 가깝게 뜨는 것은 실의 장단에 달려 있다].

한문 작문 실력도 실력이려니와 관찰력이 뛰어나지 않고는 쓸 수 없는 시이다. 주변 사람들로부터 신동이라는 소리를 들은 것도 어찌 보면 당연한 일이다. 틈틈이 『삼국지』나 『수호지』 같은 책들도 읽으면서 다양한 학문 세계를 접한다. 하지만 신채호에게 불행이 찾아온다. 형이 스무 살이라는 젊은 나이에 죽은 것이다. 부친을 일찍 여의고 형을 아버지처럼 의지하며 살던 신채호는 충격에 빠진다. 훗날 「형님 제삿날에」라는 시에 그의 절절한 마음이 고스란히 배어 있다.

"아버님이 남기신 우리 두 형제
기구한 이십 년 세월에 쓰고 단맛 다 겪었네.
귀래동 마을에는 우리 자란 삼 칸 집,
동네 앞 냇가에 봄이 오면 꽃 피고,
비바람 불면 평상에 누워 옛이야기 같이 하고,
서가에는 책이 쌓여 가난 걱정 없었는데,
뉘 알았으리, 오늘밤 이역만리 길손 되어
하늘가에 홀로 앉아 눈물만 흘릴 줄을."

가난하지만 책이 많아 걱정이 없다고 한 것에서 책을 소중히 여겼던 신채호의 삶의 태도가 드러난다. 진정한 선비정신은 먹고 마시는 데 있지 않고 독서에 있음을 표현한 것이다. 가난에 쪼들려도 손에서 책을 놓지 않았던 신채호는 그것으로 만족했던 것 같다. 그런 그에게 신학문을 일깨워준 은인이 나타난다. 할아버지뻘 되는 신승구의 주선으로, 고위 관직을 지낸 신기선을 알게 된 것이다. 그는 개화파의 큰 인물답게 귀중한 서책들을 많이 가지고 있었다. 특히 서양의 신학문을 알려주는 책들은 신채호의 마음을 흥분시켰다. 목마른 사슴이 물을 만난 듯, 신채호는 진귀한 책들로 가득 찬 서가를 보자 뛸 듯이 기뻐한다. 신기선은 그의 눈빛을 바라보며 나라를 빛낼 큰 인물이 될 것이라 생각한다. 그리고는 그를 성균관에 추천한다. 1898년의 일이다.

열다섯 살 때 갑오농민군이 동네로 들이닥쳤을 때에는, 봉건적 폭압에 항거하는 농민들의 모습을 목격한다. 사람은 어떠한 강제 권력이나 억압으로부터도 자유로워야 한다는 생각이 이때 싹튼다. 이후로 왜, 그리고 무엇을 위해 공부해야 하는가를 깨닫게 된다.

신학문의 접촉과 봉건 잔재 씻어내기

상투를 자르고 전통 학문과 신식 학문 모두를 접한 신채호는, 성균관 기숙사에 머무는 동안 변영만·김연성·류인식·조소앙 등과 교류하면서 독서회를 조직하여 사회과학을 공부한다. 수업이 없는 날에는 종로거리의 서점가에 나가 근대 학문을 접한다. 서구 사상에 눈을 뜨면서 그간 추구하던 주자학의 굴레를 벗고 새로운 세계를 바라본 것이다. 전국에서 뽑힌 3백 명의 성균관 학생들 가운데에서도 신채호는 단연 두드러진다. 책을 읽는 속도뿐 아니라 읽는 양도 가장 돋보인다. 스승도 학생도 신채호의 실력을 으뜸으로 인정했다.

독립협회에도 가입하여 이상재·신흥우·김규식·이기현 등과 함께 활동하다가 체포되기도 한다. 감옥에서 풀려난 뒤로는 고향의 농민들에게 새로운 문물과 사상을 가르친다. 동지들과 함께 문동학원과 산동학원을 설립하여, 시대가 달라지고 있음을 알리고, 세계정세를 접할 공간으로 활용한다. 한문 무용론도 설파하면서 한글 보급에 앞장선 것도 이때다. 전통 양반가의 자제로서 매우 혁신적인 생각이자 행동이었다.

역사 바로잡기와 구국운동

1900년대 초반에 이미 일제의 간섭이 곳곳에서 본격화되자, 신채호는 이에 대해 강한 반감을 갖는다. 일제에 협조하며 이익을 챙기는 친일 무리가 등장하자 이들을 성토하는 데 앞장선다. 1902년에는 정부가 일본에게 마산항을 조차지로 떼어 주자, 이를 강력히 성토하는 글을 발표한다. 1904년에는 황무지 개간권이 일본에 넘어가자, 성균관으로 올라와 학생들과 함께 매국행위를 규탄하는 항일 성토문을 작성해서 당국에 전달한다. 성균관에서 동맹휴학도 벌인다. 1905년에 을사늑약이 체결되자, 『황성신문』을 통해 국권 회복운동에 나선다. 「이날을 목놓아 통곡한다[是日也放聲大哭]」와 같은 항일성토문이 연일 보도되자, 장지연을 비롯한 10여 명이 구속되고 신문은 무기한 정간 조치를 당한다. 그러자 신채호는 『대한매일신보』로 자리를 옮겨 항일운동을 계속한다.

교육·종교·도덕에 관한 계몽적 논설을 지속적으로 발표하면서 신교육·신도덕 수립을 통한 구국운동의 필요성을 역설한다.

비슷한 시기에 신채호는 성균관의 박사가 되어 성균관의 교수 요원으로 활동할 수 있었지만, 이를 마다하고 고향으로 내려가 국민 계몽운동에도 앞장선다. 남녀 불평등·국적 없는 신교육 등을 비판하고,

「덕·지·체 삼육(三育)에 체육이 시급」·「가정교육의 전도(前途)」·「타파 가족적 관념」·「사상 변천의 계급」·「애국 두 자[二字]를 구시(仇視)하는 교육가여」·「국가를 멸망케 하는 학부」 등의 글들을 통해 당시 애국· 자유·독립이라는 말을 사용하지 못하도록 한 당국과 교육계 인사들을 싸잡아 비난한다. 그리고 진정한 교육은 애국심을 교육하는 것이라고 역설한다.

동시에 역사가 애국심의 원천이라고 여겨, 역사 연구의 중요성을 강조한다. 1908년에는 『독사신론』을 출판하여, 민족주의적 관점에서 한국 고대사 연구의 방향을 제시한다. 이 책에서 신채호는 사대사관을 통렬히 비판하면서, 『삼국사기』를 저술한 김부식을 대표적인 사대주의자라 비판한다. 김부식에 대해 "조선인을 정신적 노예로 만든 자"라고 비판한다. 또 일본의 '신라침공설'과 '임나부경영설'을 조목조목 반박한다. 대신 「을지문덕전」·「이순신전」 등과 같은 역사 속의 영웅들을 소개하는 글들을 발표한다. 그리고 고구려의 시조인 동명성왕과 광개토대왕, 고려의 최영 장군의 전기도 쓴다. 풍전등화와도 같은 민족적 수난기에 이들처럼 다른 나라의 침략을 물리친 영웅들이 등장해야 한다는 것이었다.

침묵의 연설과 절개 있는 행동

오산학교에서 있었던 일이다. 언론에 발표한 뛰어난 직필로 이미 널리 알려진 신채호가 오산학교를 방문하자 환영식이 열렸다. 역시 뛰어난 문장으로 이름이 알려진 이광수의 환영사가 있은 후, 신채호

가 답사할 차례가 되었다. 학생들의 우렁찬 박수를 받으며 신채호는
단상에 섰다. 이글거리는 눈빛으로 학생들을 왼쪽 끝에서부터 오른쪽
끝까지 주시했다. 그리고는 다시 천천히 왼쪽부터 오른쪽으로 눈빛을
움직였다. 침묵이 흘렀다. 그리고 신채호는 아무 소리 없이 돌아서서
자리로 가 앉았다. 누군가 박수를 치기 시작했다. 단상에 오를 때보다
더 우렁찬 박수소리가 났다. 침묵의 답사에 대해 학생들은 뜨거운 박
수로 맞은 것이다. 글로써 학생들을 독려한 당대 최고의 필객이 침묵
으로 한 답사는 어느 누구도, 그 전에도 그 후에도 없었다. 하지만 수
많은 말보다 더 권위 있는 효과를 거두었다. '그 동안 글로써 말씀해
오신 선생님의 뜻을 이미 잘 알고 있고, 앞으로도 선생님의 글을 열심
히 읽으며 이 땅의 필요한 인재가 되겠습니다.' 라는 각오를 다지는
박수소리였던 것이다.

　말없는 답사에 이어 또 하나의 화젯거리가 있다. 세수할 때 신채
호는 절대로 고개를 숙이지 않았다고 한다. 고개를 빳빳이 들고 두 손
으로 물을 퍼 올려 얼굴을 닦은 것이다. 비록 옷이 젖을지언정 고개는
숙이지 않은 이 행동은, 다름 아닌 일제에 항거하는 자신만의 표현이
었다. 왜놈들이 이 땅에서 물러갈 때까지는 절대로 고개를 숙일 수 없
다는 강한 의지를 이런 식으로 표현한 것이다.

　중국 상해에서 망명 생활을 하던 시절에 있었던 일이다. 식당에서
친구에게 푸짐한 식사 대접을 받았다. 특히 생선요리가 맛이 있어 종
업원에게 물었다. 그런데 그 고기가 일본에서 왔다는 소리를 듣고는
곧바로 화장실로 달려가 토해냈다는 얘기도 전한다. 일본에 대한 신

채호의 분노가 얼마나 강했는가 알려주는 일화이다.

영원한 혁명가이자 자유인

강렬하게 독립운동을 하던 신채호는 1930년에 재판에서 10년형을 선고받는다. 대련감옥에 수감되었다가 나중에 안중근 의사가 투옥되어 있었던 여순감옥으로 이송된다. 몸은 허약해질 대로 허약해졌지만 정신만은 이전과 다름없었다. 신채호의 건강상태가 악화되자 형무소 당국이 가출옥을 결정한다. 하지만 신채호는 감옥에서 나가기를 거부한다. 보호자로 나선 사람이 친일파였기 때문이다. 그러자 형무소 당국은 그를 병감으로 옮긴다. 병세가 위급해졌기 때문이다. 함께 감옥살이를 하던 동지에게 "나는 이제 어려울 것 같소. 동지는 나이가 젊으니 밝은 세상에 나가면 부디 큰일을 계속하시오."라는 말을 힘겹게 남긴다. 이 세상에서 마지막으로 남긴 말이었다. 1936년 2월 21일, 그는 뇌일혈로 인해 향년 57세를 일기로 생을 마감한 것이다.

민족주의를 제창하며 조국의 독립을 위해 일평생을 헌신한 한 거인이 세상을 뜨자 많은 이들이 안타까워했다. 모든 사람들이 자유로운 삶을 영위하는 세상을 건설하기 위해 자신을 돌보지 않았던 민족의 지도자 신채호. 이제는 후손들의 마음속에 영원한 혁명가이자 자유인으로, '겨레의 효자'가 되어 남았다.

인류의 화합과 대한의 희망을 노래한

안익태

안익태(1906~1965년), 그는 평양에서 아버지 안덕훈과 어머니 김정옥 슬하의 7형제 가운데 셋째로 태어난다. 음악에 꿈을 실은 것은 그의 나이 여덟 살 남짓 되었을 때의 일이다. 그때 이미 바이올린과 코넷을 배우기 시작했고, 시간이 흐르면서 음악의 세계에 푹 빠져든다. 그리고는 자신의 장래 희망은 음악가라고 입버릇처럼 말한다.

효자 음악인

이후로 그는 동경국립음악학교에 유학하여 첼로를 전공한다. 지독한 연습벌레라는 별명이 생길 정도로 전문 연주자 과정을 철저히 밟던 그는, 음악적 세계의 폭을 넓히기 위해 다시 미국으로 떠난다. 미국으로 건너간 안익태는 민족적 감성에 더욱 자극받는다. 미국에서 제일 먼저 찾아간 곳은 샌프란시스코의 어느 한인교회였다. 마침 강대상에는 태극기가 걸려 있었고, 모인 사람들은 「애국가」를 부르고 있었다. 당시 「애국가」의 곡은 「올드 랭 사인」으로, 슬픈 곡조였다. 바로 그 순간 안익태는 알 수 없는 뭉클한 체험을 한다. 그때의 체험을 그는 다음과 같이 전한다.

> "음악 연주 전에 여러분과 같이 「애국가」를 부르고 강대상 위에 올라가서 약 반 시간 동안 연주를 하였는데, 대한민국 태극기와 이십여 명의 동포들 앞에서 실시한 연주는 실로 사천여 년 이상의 장구한 역사와 현금 동서사방으로 헤매는 불쌍한 우리 이천만 동포 앞에서 연주하는 감동적인 일이었습니다. 눈물이 앞을 가려 참으로 형언할 수 없는 깊은 감상이었습니다."(안익태, 「대한민국 애국가」, 『신한민보』, 1936년 3월 26일)

미국 유학 중 그는 이런저런 연주활동을 통해서 경제적인 안정을 찾는다. 넉넉하지 못했던 집안 형편 때문에 유학을 보내놓고 걱정하는 부모의 마음을 안정시키기 위한 것이었다. 자신의 근황을 부모와 가족들에게 알리면서 걱정하지 말라는 문안인사와 더불어, 약간의 용돈을 오히려 어머니와 형제들에게도 보낸다. 부모와 가족을 생각하는 남다른 효심이 있었기 때문에 가능했던 일이다.

음악을 통한 조국에의 봉사

1950년에 6.25전쟁이 터지자 유럽에 있던 안익태는 곤경에 처한 한국의 상황을 전 세계에 알려야겠다는 마음에서 더 적극적으로 무대 활동을 펼친다. 고국에서 들려오는 전쟁 소식으로 괴로워하면서 「한국환상곡」을 재검토하고, 이를 만방에 알리기 위해서 세계 각처의 오페라단과 접촉하며 순회 연주회를 갖는다. 특히 멕시코에서의 연주는 대성공이었다. 이로부터 한국이 낳은 세계적인 음악가는 그 명성을 더하기 시작한다.

가는 곳마다 세계적인 악단을 지휘하면서 「한국환상곡」을 연주하여 한국의 위상을 높인다. 그것이 조국을 위해 자신이 할 수 있는 최선의 일이라고 생각한 것이다. 음악가가 되려고 하는 학생들에게 들려주는 충고 속에서도 그는 애국심을 강조한다.

> "(음악적인) 제 조건을 완비한 학생은 ……고상한 인격과 강한 의지로써 성실히 전진하여 위대한 음악가가 되어 조선을 세계적으로 소개하는 동시에, 동포에게 의의 있는 봉사를 하기 바랍니다."
> (안익태, 「서양 음악에 대하여-음악 공부를 희망하는 이에게(하)」, 『동아일보』, 1934년 4월 19일)

음악 전공자들에게, 음악 공부의 목적을 조국과 동포를 위하는 데 두어야 한다고 말한 내용이다. 위대한 음악은 조국과 동포를 위한 봉사여야 한다는 그의 평소 철학에서 나온 것이다.

새로운 「애국가」 작곡과 전파

안익태가 「애국가」를 작곡하려고 마음먹은 것은 미국에 도착한 이후부터였다. 앞에서도 언급했듯이, 한인 교회에서 들었던 「애국가」는, 그 곡조가 처음에는 스카치의 권주가였다가, 나중에는 사랑가로, 어떤 경우에는 이별가로도 불리던 곡이었다. 신성한 국가(國歌)를 권주가나 이별가에 맞춰 부르는 것이 얼마나 안타깝게 느껴졌겠는가.

1930년부터 「애국가」 작곡을 염두에 두었던 이유다. 새로운 곡으로 국가다운 국가를 만들어 언제 어디서든 아름답게 울려 퍼지는 「애국가」를 만들고 싶었던 것이다. 이렇게 해서 시작된 「애국가」 작곡은 1935년 11월에 마무리된다. 1936년 6월이라는 설도 있지만, 이미 7개월 전에 완성되었다는 것이 최근의 정설이다.

완성된 「애국가」는 먼저 미주 지역에 배포되었고, 점차 임시정부가 있던 중국에도 알려진다. 임시정부에서는 이 새로운 「애국가」를 방송을 통해 대대적으로 보급한다. 이를 접한 우리 동포들은 우리나라 작곡가에 의해서 만들어진 「애국가」를 부르면서 감격해한다. 부르는 사람마다 통쾌한 생각을 가진 것도, 그것이 우리의 곡이었기 때문이다.

안익태는 「애국가」를 본인의 최고 걸작인 「한국환상곡」의 마지막 악장에 첨부한다. 하지만 미주 지역과 중국에 보급된 「애국가」는 정작 일제 치하에 있던 한반도에서는 불리지 못한다. 대한의 「애국가」가 대한의 영토에서는 불리지 못하고 외국에서만 불린 것이다. 그만큼 일제의 감시와 간섭이 심했던 시절이다.

1945년 8월 16일 오후 5시, 중앙방송국을 통해 흘러나온 「애국가」
도 역시 가사는 지금의 「애국가」와 같았지만, 곡조는 옛 선율인 스코
틀랜드 민요인 「올드랭 사인」이었다. 이렇듯 안익태의 새로운 「애국
가」는 해방 전에는 우리나라에 보급되지 못했고, 불려지지도 않았다.

안익태의 「애국가」가 처음으로 국내에 들어온 것은 1946년 5월이
다. 여러 경로를 통해 들어오지만, 배민수 목사가 미국에서 귀국하면
서 새로운 「애국가」 악보를 들여와, 이화여중에서 처음으로 불리게
된다. 학교에서는 이 악보를 학생들에게 가르치고, 이화합창단이 방
송을 통해서 전 국민에게 소개한다. 그리고 같은 해 같은 달에 중등학
교 음악 교재에 수록되면서 「애국가」는 전국으로 퍼진다.

조국의 품으로

안익태가 고국으로 돌아온 것은 1953년, 전쟁의 끝자락에 이승만
대통령의 편지를 받고 나서다. 대통령은 조국을 위해 세계만방에서
노력한 안익태의 공로를 치하하고, 전쟁으로 지친 한국인들의 마음에
안익태의 활동이 큰 위로와 힘이 된 것에 대해 감사를 전하는 서한을
보낸다.

"친애하는 안익태 씨에게. 나 이승만이 안익태 씨의 편지와 「한
국환상곡」 악보를 반갑게 받은 것을 알려드립니다. 우리나라 음악
의 보물을 찾아내어 세계만방에 널리 알려 주는 안익태 씨의 그 훌
륭한 공로에 나 매우 고맙게 여기고 있습니다. 삼천만 민족 모두가

「애국가」의 작곡자인 안익태 씨를 마음속으로 흠모하고 있고, 그리고 혹시 고국에 돌아오지 않을까 무척 궁금하게 여기고 있습니다. 우리가 잘 알다시피 그 동안 일본 사람들이 통치하던 시절에는 우리나라 음악이 마음껏 그 뜻을 펴보지 못하였으나, 얼마 전 대한민국이 수립된 이후로는 누구든지 음악을 통하여 우리나라의 문화와 전통을 마음 놓고 빛낼 수 있게 되었습니다. 우리나라와 이 사람을 명예롭게 해준 안익태 씨에게 다시 고마운 뜻을 전하며, 안익태 씨의 음악이 언제 어디서나 우리 사람들의 마음속에 간직되도록 하느님께 빌겠습니다. 이승만."

그리하여 1955년에 안익태는 마침내 조국 땅을 밟는다. 그리고 한국의 오케스트라 앞에서 「애국가」와 「한국환상곡」을 지휘한다. 그때의 그 감격을 그는 아내에게 이렇게 표현한다.

"여보, 난 살아 있다는 사실에 정말 고마움을 느꼈소. 산다는 것은 정말 기쁜 일이고, 언제나 고생을 참고 견디면 이에 대한 보상이 있게 마련이라 생각하오. ……당신도 내가 한국에서 「애국가」와 「한국환상곡」을 지휘했다는 사실이 내게 있어서 어떤 의미를 가지는지 가히 짐작할 수 있겠지요. 여하튼 이 행복감을 실감 있게 맛보기 위해서는 전에 고생을 좀 더 했어야 했던 것이라고 마음먹을 정도요."(L. Ahn)

그리고 이 연주회가 있은 직후 곧바로 일본으로 건너가서 일본의 오케스트라와 합창단을 지휘하며 「애국가」와 「한국환상곡」을 한국말로 연주한다. 정복당했던 나라의 국가와 상징을 정복했던 나라인 일본인들 앞에서 일본인들로 하여금 부르게 한 것은 안익태에게는 남다른 감회와 감동으로 다가온다. 뿐만 아니라 세계적인 악단 앞에서도 그는 「한국환상곡」을 지휘하여 한국의 위상을 만방에 떨친다.

하지만 무리한 연주 일정은 그의 몸을 망가뜨렸고, 의학적으로 회생 불가능하다는 진단을 받는다. 결국 그는 1965년 9월 16일에 이국땅인 스페인 바르셀로나의 작은 병실에서 조용히 하늘나라로 떠난다. 세계적인 음악가를 잃은 슬픔은 전 세계 음악인들의 마음을 아프게 했고, 특히 한국인들의 마음을 더욱 안타깝게 만들었다. 1977년에 국내로 봉환된 그의 유해는 지금 국립묘지 제2유공자 묘역에 안장되어 잇다.

한민족 공동체를 위한 「애국가」 제창

한때 「애국가」는 표절 시비도 있었고, 선율에 패배의식이 있다는 등의 비난이 일었다. 또 현행 「애국가」가 정식으로 절차를 밟은 국가가 아니라는 이유로 새로운 국가를 제정해야 한다는 주장도 있다. 우리가 부르는 「애국가」가 관행적으로 내려오다 국가로 정립된 것이기 때문에 정통성이 없다는 것이다. 대신 우리 고유의 정서가 담긴 진취적인 국가를 새로 만들자는 주장이 나왔다. 이에 대해 정부에서는 1997년에 분명한 입장을 표명한다.

"1936년경(실제로는 1935년임-인용자) 안익태 선생이 작곡한 현행 「애국가」는 구한말 자주의식의 태동과 함께 불리기 시작해, 일제 강점기 등을 거쳐 오는 동안 우리 민족과 함께 영광과 수난을 같이 하면서 국민의식 속에 자연스럽게 사실상의 국가로 자리 잡게 된 경우로서, 「애국가」가 법률로 공식 지정되지 않은 것이 결코 「애국가」의 곡조나 가사에 문제가 있어서가 아님을 밝혀 둔다. 따라서 현행 「애국가」는 국경일 경축식, 외국 국빈 방한 행사 등 정부의 공식적인 의전행사는 물론, 각종 국제 경기대회 등 국내외의 크고 작은 행사에서 국가로 널리 불려오고 있으므로, 정부에서는 앞으로 이를 바꾸기보다는 국민들이 더욱 애창할 수 있도록 적극 권장해 나갈 방침이다. 다만, 범국민적 축제나 월드컵 대회 등 대형 스포츠 행사 등에 있어, 모든 국민이 한마음이 되어 단합된 모습을 보여주고 일체감을 조성하기 위하여 「애국가」와는 별도로 부르기 쉽고 활기찬 국민 응원가나 축가 등을 제정하는 방안을 검토 중에 있음을 밝혀 둔다."(『문화일보』, 1997년 5월 9일)

일제 강점기에는 민족적 수난과 함께 「애국가」를 부르지 못했지만, 그 이후로도 갖가지 구실로 「애국가」는 수난을 겪었다. 이제 이에 대한 더 이상의 논란은 국론만 분열시키는 부질없는 일이다. 남은 것은 전 국민을 하나로 묶어주는 「애국가」를 다함께 제창하며, 한민족 공동체로서의 뜻을 한데 모아, 대한의 희망을 함께 꾸려가는 일일 것이다.

격랑 속의 초인
안중근

하나뿐인 생명을 조국을 위해 고스란히 바친 분들이 있다. 제 한 몸조차 가누기 힘들던 국난의 시절에 조국을 위해 기꺼이 헌신한 분들이다. 이들을 단순히 '애국자'라고만 부르기에는 뭔가 부족해 보인다. '초인(超人)'이라 함은 어떨까. 순수한 애국심으로 초인간적 선택을 한 그의 정신을 우리 후손들은 길이길이 역사에 새겨야 하지 않을까. 돌발행동이 아니라 깊이 있는 고민과 머리끝부터 발끝까지 전 인격을 조국에 바친, '행동하는 지성'이자 '행동하는 초인', 그래서 '민족의 등불'이 된 안중근 의사를 두고 한 말이다.

강직한 부친의 의로운 삶을 본받은 효자

안중근(1879~1910년), 그는 구한말 역풍의 소용돌이가 세차게 몰아

치던 시절에 황해도 해주에서 진사 안태훈의 장남으로 태어난다. 나면서부터 그의 배에는 검은 점 일곱 개가 있다 해서 응칠(應七)이라 불렸다. 북두칠성의 기운이 그에게 서려 있다는 것이다. 훗날 독립운동을 할 때 사용한 가명도 응칠이다.

유복한 집안에서 태어난 안중근은 어려서부터 글공부에 매진한다. 재지가 출중하고 똑똑해서 신동으로 불리기도 하였다. 일곱 살 때부터 말타기와 활쏘기를 익혀, 열두 살 때에는 백발백중의 묘기를 보인다. 똑똑하고 건장한 안중근을 바라보는 부모님은 늘 뿌듯해했고, 동네 사람들도 그를 대장이라 부르며 자랑스러워했다.

그는 가정의 엄격한 규율을 지키면서도 자신의 도리를 다하는 효자로 청소년 시절을 보낸다. 이렇게 바른 삶을 살 수 있었던 데에는 부친 안태훈의 영향이 컸다. 부친은 동학혁명이 한창이던 시절, 동학을 빙자해서 양민을 괴롭히던 이들을 혼내준 일이 있다. 수백 명의 장정들을 모아 불의한 폭군들을 진압한 것이다. 그때 안중근의 나이는 열여섯 살이었다. 이러한 부친의 정의로운 삶이 안중근에게 깊은 감동을 준 것이다.

새로운 만남과 애국심 함양

열일곱 살이던 1896년에, 안중근은 새로운 삶을 체험한다. 신천읍에 있던 성당에서 프랑스 신부를 만나면서 천주교 신앙을 가진 것이다. 이때 서양 학문에 대한 관심도 갖게 된다. 프랑스어와 서양의 과학에 눈을 뜬 것도 그 시절이다. 전통적 학문의 기초 위에 서양 학문을 더하여 세상을 보다 넓고 크게 보는 안목을 가질 수 있게 된 것이다.

　이때 안중근은 민족국가의 독립과 자유는 하늘로부터 받은 천부의 권리이며, 이를 수호하기 위해서는 하늘의 뜻대로 살아야 한다는 것을 깊이 깨닫는다. 신앙 체험과 신학문을 접하면서 나라를 사랑하는 애국심이 함께 솟아난 것이다.

역사 공부를 통한 민족의식 고취

　안중근은 스무 살 되던 해에 한국 역사를 접한다. 뜨거운 민족의식이 싹튼 때이다. 민족에 대한 남다른 생각이 가슴을 달군 것이다. 『태서신사』라는 책을 통해서는 세계 역사의 흐름을 배운다. 당시 발간되던 『황성신문』·『제국신문』·『대한매일신문』과 같은 민족사상을 고취하는 신문들을 구독하면서 민족의 자주독립과 배일사상도 고취한다. 민족주의적 애국사상이 한창 무르익던 시절이다.

　1904년, 그의 나이 스물여섯 살 때, 러일전쟁이 일어난다. 복잡한 국제정세 속에서 이름뿐인 조선은 일제의 농락에 속수무책이었다. 청년 안중근은 일본군의 횡포 앞에 무기력한 조국의 현실을 목도하며 땅을 친다. 러시아와 일본 중 어느 편이 이기든 조선의 앞날은 온통 먹구름뿐이라고 생각한다. 역사의 흐름을 직시한 의혈 청년 안중근은 한순간 실의와 좌절에 빠진다.

　앉아서만 당할 수는 없다고 결심한 안중근은 울분을 삭이며 고향을 떠나 진남포로 간다. 장사를 하면서 시대의 현장에서 대세를 살피고, 민족 해방의 탈출구를 찾기 위한 발걸음의 시작이었다.

울분을 삭이며 내부 역량을 키우기 위한 학교 설립

1905년, 보호조약이라는 명분 아래 나라가 일제의 손아귀에 넘어가는 것을 목격한 안중근은 굳게 결심한다. 더 이상 개인적 수양이나 하면서 방관하는 것은 허락할 수 없다는 결심을 굳히고, 저항과 투쟁의 현장으로 몸을 던진 것이다. 인내하고 모색하는 '수신제가'의 소극적 단계에서, 나라의 독립과 번영을 위한 '치국평천하'의 적극적 단계로 나아간 것이다.

마침 부친이 소천하자 잠시 고향으로 내려가 마지막 효성을 다한다. 그리고는 행동하는 지성으로서 큰 꿈을 실현하기 위한 걸음을 내딛는다. 마침 도산 안창호 선생이 미국에서 돌아와 역시 큰 꿈을 꾸고 있을 때였다. 그는 평양으로 달려가 도산을 만나 지도를 받는다. 첫째 육영사업, 둘째 산업진흥, 셋째 항일투쟁. 여기에서 그는 이 세 가지 결의를 모두 다진다.

안으로 독립의 역량을 키우고, 그 후 투쟁과 저항의 현장으로 나아가 행동한다는 결의였다. 여기에는 도산의 영향이 곳곳에 보인다. 조선이 나라를 상실한 것은 일제라는 외부적 힘에 의한 것이기는 하지만, 내부적 혼란과 무질서도 또한 중요한 원인이라고 인식한 것이다. 먼저 내부의 역량을 키워야 한다는 뜻에서 상점을 처분하고 진남포에 돈의학교를 세운다.

돈의학교의 설립 목적은 나라의 자립과 독립의 정신을 함양하여 젊은이들로 하여금 나라 사랑을 행동으로 옮기게 하려는 것이다. 이를 위해 도산 안창호나 일성 이준 선생 같은 분들을 초청해서 강연회를 개최하기도 한다.

항일의 기치를 들고 해외 망명길로

1907년, 정미7조약(한일신협약)에 의거하여 광무 황제가 강제로 양위되고, 조선 군대가 해산된다. 스물아홉 살의 안중근은 또 한 번 조국의 무기력한 현실에 통분하며, 조국 강토를 떠나 러시아로 간다. 행동하는 지성으로서 혁명의 대열에 참여하기 위한 망명길이었다. 그리고 블라디보스토크를 비롯하여 러시아 곳곳을 다니며 동포들을 만나 열변을 토한다.

"우리들은 국권을 회복하기까지 농업이든 상업이든 각자가 맡은바 직업에 충실합시다. 어떤 어려움이든지 참아 가면서 나라를 위해 힘을 다하지 않으면 안 됩니다. 특히 한국 침략의 원흉인 이토 히로부미의 시정방침을 파괴하지 않으면 안 될 것이니, 젊은 사람들은 일제히 일어나서 나와 같이 총을 들고 싸웁시다. 그리고 어린이들은 열심히 공부하여 훌륭한 제2세 국민이 되어 주십시오."

자주독립에 대한 염원을 담은 연설 속에 이미 안중근은 이토에 대해 비장한 결심을 하고 있음을 비췄다. 그는 러시아와 남만주 일대를 돌며 항일 의병을 일으키고, 학교를 세워 자주독립에 대한 강한 열정을 불태운다.

뜨거운 나라 사랑의 현장 속으로

의병을 일으켜 무장투쟁을 전개하면서, 안중근과 뜻을 같이하는 지사들은 단지(斷指)를 거행한다. 왼손 무명지를 절단하여 혈서로 조국 독립을 위한 굳은 의지와 결의를 다진 것이다. 바로 조선 침략의 원흉 이토를 저격하기 위한 '피의 서약'이었다. 그리고 그렇게도 염원하는 '독립자유'라는 네 글자를 더 써 넣는다.

"두고 보시오! 내가 3년 안으로 이토를 죽이고 말겠소."

방안 공기가 무겁게 흐른다. 서로의 가슴은 조국을 사랑하는 마음에 맥박이 고동치고, 서로의 눈에는 뜨거운 눈물이 흥건하게 흐른다. 결의를 다진 안중근에게 기회가 다가온다. 이토가 러시아를 방문한다는 소식이었다. 안중근은 동지 우덕순·조도선·유동하와 함께 이때를 하늘이 준 기회라고 여긴다. 그리고 즉석에서 소용돌이치는 감격을 「거사가」로 표현한다.

"장부가 세상에 처함이여 그 뜻이 크도다. 때가 영웅을 지음이여, 영웅이 때를 지으리로다. 천하를 응시함이여, 어느 날에 업을 이룰고. 동풍이 점점 참이여, 장사의 의기가 뜨겁도다. 분개히 한번 감이여, 반드시 목적을 이루리로다. 쥐도적 쥐도적이여, 어찌 즐겨 목숨을 비길고. 어찌 이에 이를 줄을 헤아렸으리요. 사세가 고연하도다. 동포 동포여, 속히 대업을 이룰지어다. 만세 만세여,

대한독립이로다. 만세 만만세, 대한동포로다."

하얼빈에 울린 총성

비밀 거사 계획을 몇몇 동지들에게 알리고, 그들과 역할을 분담한
다. 하얼빈 역에서 이토를 저격하는 임무는 안중근이 맡았다. 중국인
복장을 하고 하얼빈 역 구내의 찻집으로 들어간 그는 싸늘히 식어가
는 차를 마시며 거사의 시간을 기다렸다. 가슴에 품고 있던 육혈포를
최종 확인했다. 러시아 경비들과 일본 헌병들의 삼엄한 경계의 빈틈
이 어디인가도 눈여겨 두었다. 거사의 때가 점점 다가왔다. 러시아 의
장대의 질서정연한 모습도 환영 나온 각국 대표들도 열차의 기적소리
가 멈추자 플랫폼으로 눈길을 고정했다.

마침내 이토의 모습이 보이자 안중근은 환영인파 사이를 뚫고 돌
진했다. 그리고 이토를 향한 총성이 울렸다. "탕! 탕! 탕!" 의기양양하
던 이토가 가슴을 움켜쥐고 쓰러졌다. 안중근은 가슴에 품고 있던 태
극기를 꺼내들고 "대한제국 만세!"를 외쳤다. 태극기에는 붉은 피로
쓴 '독립자유'라는 글귀가 선명했다.

세계를 놀라게 한 사건이었다. 마침 현장을 촬영하던 카메라 기자
의 눈에 거사 현장이 목격되었다. 그리고 그의 장거는 전 세계로 타전
되었다. 동방의 작은 나라 조선 사람의 쾌거를 세계의 모든 사람들에
게 알린 것이다.

법정에서도 당당했던 나라 사랑 정신

거사에 성공한 안중근은 러시아 헌병의 손에 의해 묶여 일본 헌병대로 이첩된다. 여섯 달 동안 여순감옥에서 극심한 고초를 겪으면서도 그는 당당한 모습을 잃지 않는다. 재판장의 어떠한 질문에도 거침없이 답변하며 대한의 기개를 자랑한다. 그것은 거의 연설과도 같았다.

"한국의 독립을 회복하며 동양의 평화를 유지하기 위하여는 먼저 민족의 큰 적이요, 만고의 역적인 이토를 없애버려야만 된다고 나는 확신하였고, 또한 나라가 욕을 당하면 백성은 죽어야 하는 것이 가장 당연한 일이니, 죽어도 아무 한 될 것이 없다고 결심하고, 이 한 몸을 제물로 바칠 각오를 가지고 해외에 나온 지 이미 오래였다. 3년간 북간도 부근에서 의병을 모집하여 여러 차례 일본 군사와 싸운 일도 있거니와, 이번의 의거는 의병 참모중장의 자격으로 독립전쟁을 하얼빈에서 열어 적장 이토를 쳐서 그 흰머리를 아군에게 바치려 함이었고, 결코 개인의 자격으로 취한 행위가 아니었다. 대한제국의 의병 참모중장이 적과 싸우다가 불행히 포로가 되었는데, 여기서 나를 형사 피고인의 하나로 다루는 것은 만부당한 처사다. 마땅히 만국 공법에 의해서 처리하도록 하라. 이번 이토의 행차에 군대의 호위가 아무리 엄중하였어도 나는 나라를 위하여 목숨을 바쳐 나의 오랫동안 품어 오던 뜻을 결행하기로 굳게 결심하였기 때문에 마침내 일을 이루고야 말았다. ……내가 이토를 살해한 것은 이토가 한국의 독립과 자유를 빼앗은 때문이니, 이 것은 한국 독립전쟁의 한 부분이요, 또한 우리들이 일본 법정에 서 서 일본 재판을 받는 것은 전쟁에 패배하여 포로가 된 때문이요, 내지의 의병들이 항상 일본군과 충돌하는 일도 역시 독립전쟁의 한 부분이다. ……나의 염원은 오직 조국의 독립, 이 한 일뿐이다."

안중근의 당당하고도 분명한 태도에 재판장이 제재를 가한다. 그 럴수록 그는 더욱 큰 소리로 이토의 죄상을 밝힌다. 당황한 재판장은 방청인들을 모두 퇴장시킨다. 법정에 서 있는 안중근의 추호도 굴하 지 않는 모습은 조국에 대한 분명한 소신과 철학이 있었기에 가능했 다. 죽음 앞에서도 초연할 수 있었던 것은 나라와 민족을 사랑하는 투 철한 애국심이 뒷받침되었기 때문이다.

옥중에서 피어난 철학

안중근은 여섯 달 동안 여순감옥에 있으면서 매일같이 책을 읽고 글을 썼다. 그리고 옥중에서 그 유명한 "一日不讀書, 口中生荊棘[하루 라도 글을 읽지 않으면 입에 가시가 돋는다]."라는 글귀를 남긴다. 이외에도 그의 삶과 철학을 담은 수많은 글들이 유언처럼 쏟아진다.

"장부는 비록 죽을지라도 마음이 쇠와 같고, 의사는 위태로움 에 임할지라도 기운이 구름 같도다."

"동양대세 생각하매 아득히도 어둡거니, 뜻있는 사나이 편한 잠을 어이 들리.

평화시국 못 이룸이 이리도 슬픈지고, 침략정책 안 고침은 참으로 가엾도다."

모두가 감옥에서 쓴 시들이니 유시나 다름없다. 옥중에서 「동양평화론」을 집필하던 중 사형 집행령이 떨어진다. 탈고를 위한 시간을 요구하자 15일간 집행이 유예된다. 그래도 완성을 보지는 못했지만, 「동양평화론」에는 안중근의 고매한 철학이 고스란히 담겼다.

"하늘이 사람을 내어 온 세상이 모두 다 형제가 되었다. 각각 자유를 지켜 삶을 즐겨하고 죽음을 싫어하는 것은 누구나 가진 떳떳한 정의다. 오늘날 사람들은 으레 문명한 시대라고 일컫지마는, 나는 홀로 그렇지 못한 것을 탄식하는 바이다. 무릇 문명이라는 것은 동서양의 잘난 이건 못난 이건, 남녀노소를 가릴 것 없이 각각 천부의 성품을 지키고 도덕을 숭상하며, 서로 다투는 마음이 없이 제 땅에서 편안히 제 직업을 즐기면서 같이 태평을 누리는 것이요, 그래야만 과연 올바른 운명인 것이다."

폭력은 필요악이다. 불의에 대한 저항과 생존이 위협받는 상황에서 폭력은 정당화될 수 있다. 칼을 들고 덤비는 사람에게 폭력은 불가피하다. 비폭력이 최선이라지만, 폭력이 필요할 때도 있다. 총칼로 이 땅을 유린하던 일제의 만행 앞에 안중근의 강력한 저항은 인류를 감동시킨 정당한 폭력이었다. 단순 폭력이 아닌 지성과 민족혼을 담은 가치 있는 저항이었기 때문에, 그를 고문하던 고문 경찰관도 그의 철학과 정신 자세에 감동을 받는다. 강도와도 같은 일제의 총칼을 폭력으로 제압한 것은 오히려 장엄한 거사였다.

물론 이런 거사 뒤에는 효심과 애국심이라는 두 가지 가치와 철학이 작용하였다. 이면에는 종교적 신앙심이 있었기에 죽음을 초월할 수 있었다. 부모를 공경하는 효심이 있었기에 부모님의 나라에 대한 충정을 배울 수 있었고, 조국을 사랑하는 애국심이 있었기에 나라를 위해 희생도 감수할 수 있었다. 이런 그의 정신이 나라와 민족은 물론 인류의 평화와 번영을 가져오는 계기가 되었음을 우리는 안중근 의사의 삶과 철학을 통해서 배우게 된다.

미국 명예의 전당에 오른

안창호

　학기 초마다 학생들에게 사상가라고 하면 누가 제일 먼저 떠오르느냐고 질문한다. 그때마다 매번 똑같은 답이 돌아온다. 소크라테스, 플라톤, 아리스토텔레스, 칸트, 헤겔……, 그리고 간혹 공자나 맹자도 나온다. 이런 대답은 한 해도 다르지 않다. 여기서 한국 교육의 정체성 부재를 생각해본다. 초등학교 6년 중·고등학교 6년이면, 한국에서 12년 이상의 정규 교육과정을 이수한 사람들이다. 그들의 머릿속에 제일 먼저 떠오른 사상가가 모두 서양인이라면 정체성에 심각한 문제가 있는 것은 아닐까. 혹 억지로 한국의 사상가를 떠올린다 하더라도 퇴계 이황, 율곡 이이, 다산 정약용 같은 조선 시대 사상가들에 머물 뿐, 근·현대에 대한민국을 이끈 정신적 지도자들은 전혀 기억해내지 못한다. 불행한 일이다.

우리나라에 훌륭한 사상가가 없는 게 아니다. 그것도 조선 시대만이 아니라 근·현대 시기에도 헤아릴 수조차 없이 많은 사상가들이 있었다. 그럼에도 우리의 의식 가운데에 이분들을 떠올리지 못하는 까닭은, 뭔가 알 수 없는 선입견이 작용하고 있기 때문이다. 내 것보다 남의 것이 좋고 커 보이는 심리가 인물을 대하는 데에도 적용되는 듯하다. 이제 여유를 갖고 우리 주변의 사상가들을 돌아보며, 특히 나라를 위해 온 몸을 바친 분들의 정신과 철학을 정리할 때이다. 그 가운데에서도 사상적으로 좌나 우로 치우치지 않고, 오로지 나라의 독립을 위해 헌신한 도산 안창호 선생이야말로 제일 먼저 기려야 할 분이 아닐까 생각한다.

스스로 "안창호가 죽어서 한국이 독립된다면 죽으리라."(『도산어록』, 이하 출처 생략) "나는 밥을 먹어도 대한의 독립을 위해, 잠을 자도 대한의 독립을 위해서 해 왔다. 이것은 내 목숨이 없어질 때까지 변함이 없을 것이다."라고 했던 실천적 지식인으로서의 도산의 삶은, 오늘날 퇴색되어만 가는 우리 사회의 애국정신을 되살리는 기폭제가 될 것이다. 나아가 도산의 삶과 철학에 나타난 효심과 애국심은 초창기 대한민국의 시대정신이었을 뿐만 아니라, 오늘을 사는 우리들에게도 정신적 횃불이 되기에 부족함이 없다고 생각한다.

격동의 세월, 험난한 인생
도산 안창호(1878~1938년), 자신이 남긴 자필 이력서에 의하면 그는 고종 15년(1878년) 11월 9일에 대동강 하류의 도롱섬에서 태어난다. 일곱 살 때 부친을 여의자, 조부의 보살핌 속에 주로 가정과 서당에서 한문을 익히고 유교적 생활을 하며 자란다. 하지만 시기적으로 격동의 시대였기 때문에 편안히 공부만 할 수는 없었다. 나라를 뒤덮고 있는 외세의 물결을 목도하고 주변 사람들과 더불어 울분을 토로하면서, 이를 극복하기 위한 행동에 나선다.

도산이 태어나기 2년 전(1876년)에 체결된 병자수호조약으로부터 비롯된 조선의 비극은, 관료들의 부패로 인해 더욱 가속화하여 마침내 임오군란이 일어난다. 그리고 2년 후 조선 정국을 뒤흔든 갑신정변이 발생하고, 도산의 나이 열다섯 살 때에는 갑오농민전쟁, 일명 동학운동이 전국적으로 번져 나간다. 엎친 데 덮친 격으로, 청일전쟁이 한반도를 전장으로 삼아 일어나면서 도산은 주권 상실로 치닫는 조선의 설움을 온몸으로 느끼며 성장한다.

살기 위해 찾아간 구세학당에서 받은 현대식 교육

도산은 열여덟 살 되던 해(1895년)에 고향을 떠나 서울로 간다. 일신의 평안을 버리고 나라와 민족을 구하겠다는 일념으로 이 길을 선택한 것이다. 무작정 서울로 올라온 도산은 당장 먹을 것도 묵을 곳도 없었다. 갈 곳 없이 방황하던 도산에게 무료로 숙식을 제공하고 교육까지 시켜준다는 구세학당의 학생모집 광고가 눈에 띈다. 구세학당은 언더우드 선교사가 세운 현대식 학교다. 도산이 구세학당을 찾은 이유는 오로지 먹고 살기 위한 방편이었다. 숙식 해결이 주된 목적이던 도산의 구세학당 생활은 기독교에 대한 거부감만 불러일으킨다. 기독교의 내세관과 요란한 통성기도의 시끄러운 소리에 반발한 것이다. 하지만 도산은 자신도 모르게 기독교 신앙에 젖어들게 된다. 특히 기독교의 사랑과 윤리에 깊이 침잠한다.

유교적 허례허식과 전통적 권위주의에 대한 비판은 이로부터 나왔다. "여러분이 유년시절 일을 회고하여 보시오. 사람과 사람 사이에 서로 사랑하는 정이 생김은 당연하거늘, 우리 사회에서는 부모와 자녀, 형과 아우 사이에 아무 정의가 없습니다. 어른들은 어린아이를 대할 때 한 개의 장난감으로 여깁니다. 그리하여 그 울고 웃는 꼴을 보기 위하여 울려도 보고 웃겨도 봅니다. 또 호랑이가 온다, 귀신이 온다 하며 아이들을 놀라게 합니다. 또 집안에 계신 조부모나 부모는 호령과 매를 때리기만 일삼음으로 아이들은 한때도 마음을 펴지 못합니다. 아이들은 조부나 부친 앞에 있어서는 매 맞을 생각에 떨고 있습니다."

이데올로기화한 가부장주의와 습관적으로 내려오던 전통적 권위주의에 대한 비판이다. 기독교의 사랑과 화해정신을 접하고, 기존의 삶을 변화시켜야 한다며 이렇게 말한 것이다. 이를 해결하기 위해서 도산은 주변 사람들에게 늘 사랑을 강조하였다. "우리 민족에게는 사랑이 부족하오. 부자간의 사랑, 부부간의 사랑, 동지간의 사랑, 자기가 보는 일에 대한 사랑, 자기가 속한 단체에 대한 사랑……, 사랑이 부족한지라 증오가 있고, 시기가 있고, 쟁투가 있소. 우리가 단결 못하는 원인의 하나도 여기에 있소."

그러면서 그는 그의 삶과 철학의 핵심, 즉 무실역행(務實力行)과 더불어 정의돈수(情誼敦修)로서 '사랑하기 공부'를 외친다. '정의'는 동정과 사랑이고, '돈수'는 도탑게 닦는다는 뜻으로, "서로 도탑게 사랑한다."라는 말이다.

나라를 우선시한 거국적 효 실천

도산은 풍전등화와도 같은 조국의 현실을 목도하면서, 무엇보다 조국의 온전한 독립을 위해 헌신할 것을 결심한다. 나라 없는 가족은 있을 수 없다는 신념 아래, 먼저 조국을 살려야 한다는 사명감이 작동한다. 조국에 대한 사랑이 가족에 대한 사랑보다 앞선 것이다.

훗날 도산의 부인은 가장 행복했던 시절을 회고하기를, 미국 유학을 떠나며 일본에 잠시 체류하던 시절을 꼽는다. 이때가 가족간의 사랑이 가장 도타웠던 순간이라고 말한 것이다. 여기에서 가족보다는 나라와 민족, 동포와 백성을 위한 큰 틀의 삶을 먼저 추구했음을 보게 된다. 망해 가는 나라에서 가정을 돌보는 작은 효 실천보다는, 우선 나라를 살려야 한다는 큰 효를 실천한 셈이다.

그렇다고 도산에게 가족에 대한 사랑이 없었던 것은 아니다. "내가 지금까지 아내에게 치마 하나 저고리 하나를 사 준 일이 없었고, (아들) 필립이에게도 공책 한 권 연필 한 자루 못 사주었다. 그러한 성의가 없었던 것은 아니다. 여러 가지 사정으로 그랬는데, 여간 죄스럽지 않다."라고 하며, 가족에 대한 미안한 마음이 간절했음을 나타냈다. 하지만 암울한 나라와 민족이 먼저 살아야 자신도 가정도 산다는 생각이 도산의 마음 한가운데에 자리하고 있었다. 오죽하면 자신의 아들 이름을 '반드시 독립을 쟁취하겠다.'라는 뜻을 담아 '필립(必立)'이라 했을까. '나라가 없고서 한 집과 한 몸이 있을 수 없고, 민족이 천대받을 때 혼자만이 영광을 누릴 수 없다.'라는 평소의 소신이 나라와 민족을 위해 먼저 헌신하도록 만든 것이다.

그런데 그 사랑의 이면에는 가족 사랑 정신이 깊이 배어 있음을 알게 된다. 그는 '사랑 공부'의 방법으로 '정의돈수'를 말하고, 또 "네 이웃을 사랑하고 네 원수를 위하여 기도하라."라고 한 성경 말씀을 원용한다. 그리고 '자식에 대한 어버이의 사랑'에 비유하여, "사랑이란 어머니가 아들을 보고서 몹시 귀여워하는 친애와 어머니가 아들이 당하는 고(苦)와 낙(樂)에 동참하는 동정이 합한 것이다."라고 하면서, 부모의 자녀 사랑을 '사랑 공부'의 방법으로 제시한다.

이웃 사랑, 동포 사랑

도산은 미국에서 생활하면서 가난한 동포들이 크고 작은 일로 다투는 것을 자주 목격한다. 풍전등화와도 같은 조국의 현실을 생각만 해도 안타까운 일인데, 이역만리 타향에서 동포들끼리 신뢰하지 못하고 다투는 모습을 본 도산은, 자신의 공부보다 동포끼리 서로 신뢰하고 사랑하도록 하는 것이 우선임을 깨닫는다.

"동지를 믿고 속으라. 세상에 마음 놓고 믿는 동지가 있다는 것만한 행복이 또 어디 있으리오."

"서로 사랑하면 살고, 서로 싸우면 죽는다."

"죽더라도 동포끼리는 무저항주의를 쓰자. 때리면 맞고, 욕하면 듣자. 동포끼리만은 악으로 악을 대하지 말고 오직 사랑하자."

그리고는 몸소 이를 솔선수범하고, 나아가 단정한 복장, 청결한 환경을 내세우며 자연보호·환경개선 운동까지 펼친다. 도산의 이러한 행동에 대해 교민들은 처음에는 의심의 눈초리를 보냈지만, 점차 진심어린 그의 모습을 알고는 모두가 동참한다. 이런 교민들에게 도산은 "미국의 과수원에서 귤 한 개를 정성껏 따는 것이 나라를 위하는 것이다."라고 하면서, 타향에서의 성실한 삶이 곧 조국을 위하는 길이라고 강조한다.

미국인 가정에서 가사 고용인으로 있을 때의 일이다. 도산은 정원의 풀을 깎고, 마당을 청소하고, 유리창을 닦고, 화장실을 청소하면서도, 이를 자기 일처럼 성실히 했다. 꾀를 부리거나 늑장을 부리는 적이 없었고, 특히 화장실 청소를 하면서는 청소도구를 직접 만들어 사용하기도 한다. 이런 도산을 보자 미국인 주인은 "You are not a boy, You are a man.(당신은 하우스 보이를 할 사람이 아니요, 훌륭한 인물이오.)"라고 칭찬하고는, 이후로 주인은 한국인 누구나에게 긍정적 태도를 갖게 된다. 도산 한 사람의 성실한 행동이 한국인 모두를 성실한 사람으로 보이게 만든 것이다.

미국에서 이런 마음으로 계몽운동을 하고 있을 때, 조국에서 암울한 소식이 들려온다. 일제의 탄압이 드디어 합병으로 이어졌다는 소식이었다. 이를 들은 도산은 서둘러 귀국한다. 조국이 망하는 것을 용납할 수 없었기 때문이다.

민족 사랑, 나라 사랑

일제가 득의양양하고 독립이 불가능해졌을 때, 도산은 일본 검사에게 잡히고 만다. 검사가 심문하며 회유책을 쓰자, 도산은 "나는 밥을 먹는 것도 민족운동이요, 잠을 자는 것도 민족운동이다. 나더러 민족운동을 하지 말라 하는 것은 죽으라 하는 것과 같다. 죽어도 혼이 있으면 나는 여전히 민족운동을 계속할 것이다."라고 하며, 민족과 나라 사랑에 대한 강한 집념을 보인다.

나라와 민족을 생각하며 계몽하는 연설을 할 때에는 화려한 미사여구나 난해한 언어를 사용하지 않았다. 그러면서도 대중에게 얼마나 감동을 주었던지, 연설을 듣는 사람들은 눈물이 절로 났다고 한다. 심지어 일본 헌병대 순사도 감복했다고 전한다.

미국 명예의 전당에 오른 도산

도산은 남의 일이건 자신의 일이건, 큰 일이건 작은 일이건, 언제나 정성을 다했다. 또 이것은 그의 생활철학이었다. 정결한 마음, 정결한 몸, 정결한 집, 정결한 환경, 정결한 사회는 그가 꿈꾸던 사회의 모습이었기에, 가는 곳마다 이를 강조하며 솔선수범한다. 감옥에 갇혀 있을 때에도 이런 태도를 잃지 않아 주변에 잔잔한 감동을 준다. 아들인 필립에게도 심신 정결의 중요성을 강조하면서 이에 익숙하도록 가르친다. 훗날 필립이 가정인으로서의 아버지의 모습은 정결한 몸가짐과 생활습관이었다고 말할 정도로, 정결은 도산의 생활철학이었다.

도산의 삶과 철학은 '사랑을 남에게 베푸는 것이 행복이다.'라는 이타적 생각에 기반을 둔 것이었다. 또 그것이 가족과 나라를 위한 것으로 승화된다. 애국심을 바탕으로 하는 대국적인 큰 틀에서 효를 실천한 사람의 모습이다.

이런 도산의 삶과 철학을 인정한 미국에서는 흑인 인권운동가인 마틴 루터 킹 목사를 기리는 킹 센터의 명예의 전당에 그를 헌액한다. 동상 건립도 추진한다(『중앙일보』 2011년 6월 16일). 명예의 전당은 세계 각지에서 자유와 평등, 인권 보호를 위해 앞장선 사람들을 기념하기 위해 2004년에 만들어졌는데, 도산은 아시아인 최초로 선정된 것이다. 이는 도산의 삶과 철학을 우리의 긍지이자 자랑으로 여기지 않을 수 없게 만드는 요소들 가운데 하나라고 할 수 있다.

이제 우리 곁에 도산 안창호 선생 같은 위대한 사상가이자 교육자를 두고서도, 소크라테스니 플라톤이니 하며 우리 밖에서만 위대한 사상가를 찾는 일이 더 이상 없도록 할 때이다. 아울러 우리는 솔선해서 건국 초창기 대한민국 지도자들의 정신적 가치를 기리면서, 세계인의 존경을 받도록 해야 할 것이다. 이것이 후손으로서 우리가 해야 할 책무가 아닐까 생각해본다.

영원한 대한의 누나

유관순

기호 1번 김구, 기호 2번 김정희, 기호 3번 신사임당, 기호 4번 안창호, 기호 5번 유관순……. 대선 후보 명단이 아니다. 2007년에 온나라를 뜨겁게 달군 고액권 지폐에 실을 인물 선정을 위한 인터넷 여론조사 결과 나타난 후보자 명단이다. 예선에서 선정된 명단은 모두 20명, 그 가운데 본선에 오른 인물만 10명이다. 유관순 열사는 예선에서 탈락했다. 하지만, 강력한 국민적 여망을 업은 그녀는 추천 케이스로 본선에 오른다. 신사임당과 더불어 여성계를 대표한 것이다. 여성후보만을 대상으로 한 국회의원 여론조사에서는 유관순(40.6%)이 신사임당(18.7%)을 두 배 이상 앞섰다. 그런데 막상 본선에서는 비공식 집계이기는 하지만 신사임당 20.2%, 유관순 13.7%로 뒤쳐졌다. 5만 원권 지폐의 인물로 신사임당이 채택된 것이다. 참고로 1위는 백범 김구 선생이 40.4%를 차지해서 10만 원권의 주역이 된다.

이후로 이 업무를 주도한 한국은행은 각종 단체들의 이의 제기로 몸살을 앓는다. 지역과 혈통을 중시하는 우리나라의 특수한 사정을 감안하지 않은 인터넷 여론조사에 대한 문제 제기였다. 김씨나 이씨에 비해 한참 적은 유씨나 안씨는 당연히 불리하다는 지적이다. 모두가 한국을 대표하는 인물임에는 틀림없지만, 본인과 주변 가족이 몰살한 애국지사에 대해서만은 국가 차원의 배려가 필요했음을 지적하는 말이다.

소녀의 나라 사랑과 효심

유관순(1902~1920년), 그녀의 가문은 3대에 걸쳐 9명의 독립 열사를 배출한다. 한마디로 온 가족이 대를 이어 나라 위해 몸을 바친 가문이다. 그렇다면 그의 후손들이 온전할 리 만무하다. 혹 살아 있다 하더라도 피해를 당하지 않은 가문과 똑같은 조건에서 경쟁한다는 것은 문제가 있다. 그런데 한국은행은 여론조사 방식으로 지폐 인물을 선정했다. 처음부터 불공평한 게임을 한 것이다. 당연히 인물의 사회 역사적 기여도에 관계없이 후손들의 수와 조직이 강한 인물이 유리할 수밖에 없는 방법이기 때문이다. 유관순의 예선 탈락은 불을 보듯 뻔한 것이었고, 억지로 본선에 올랐어도 결선에 오른다는 것은 애당초 무리였다. 여기에서 무엇보다 중요한 것은 유관순 열사의 나라 사랑 정신이 누구보다 강했고, 따라서 국가 차원의 정책적 배려가 필요했다는 것이다.

그런데 유관순의 애국심 이면에는 효심이 깃들어 있었다는 것을 함께 기억해야 할 것이다. 우리 속담에 "효자 집안에서 충신 난다."라고 했다. 부모형제에게 잘하는 사람이 나라를 위해서도 큰 일을 한다는 뜻이다.

1902년 12월 16일, 충청남도 천안군 병천면에서 아버지 유중권과 어머니 이소제의 5남매 중 둘째딸로 태어난 그녀는 어려서부터 부모에게 한국의 전통적 효와 예절 교육을 받으며 자란다. 아버지는 교육의 중요성을 깨닫고 홍호학교를 설립하고, 작은아버지는 선교사들을 도와 교회 일을 맡아보았다. 아버지로부터 충효사상과 예절 교육을, 작은 아버지로부터 신앙 교육을 받은 것이다.

유관순의 아버지가 병으로 몸져누웠을 때의 일이다. 유관순은 간절히 기도하였고, 아버지는 딸의 지극한 기도 덕분에 치유된다. 딸의 기도로 병상에서 일어난 아버지는 그 후로 신앙생활을 하게 된다. 아버지를 위해 큰 효를 실천한 것이다.

그러다가 유관순은 1916년에 마침 공주에서 전도활동을 하고 있던 선교사 엘리스 샤프를 만나 이화학당 보통과에 입학하며, 다시 1918년에 이화학당 고등과에 진학하게 된다. 샤프 부인은 집안 사정이 어려운 유관순에게 장학금을 받을 수 있도록 배려한다.

유관순이 학교생활을 하면서 다른 동료들과 달랐던 점은 크게 두 가지다. 하나는 남들이 모두 자고 있을 때 기도실에 가서 기도한 것이고, 다른 하나는 남들보다 열심히 봉사한 일이다. 그녀는 남들의 청소 몫까지 본인이 나서서 했고, 남의 빨래까지도 해주었다고 한다. 이렇게 학교와 동료를 위해 봉사의 손길을 펼친 것은 학교에서 주는 장학

금에 대한 감사의 표현이었다. 학교생활과 교우관계에서 모범을 보인 것이다. 그러다가 1919년 3월 1일에 독립만세운동이 일어나자 유관순은 학교의 만류에도 불구하고 담장을 넘어 독립운동 대열에 참가한다.

> "오, 자비하신 하나님 아버지! 이 백성은 어찌하여 하나님께서 주신 조상의 나라를 잃어버리고 남의 압제를 받고 사옵나이까? 부디 불쌍한 이 백성을 돌보아주시옵소서. 하나님 아버지시여! 이 자식을 세상에 보내셨사오매 밥만 축내다가 죽는 가엾은 인생이 되지 말게 하시고, 나라를 위하여 목숨 바쳐 일하다가 깨끗하게 죽게 하옵소서. 조국을 위하여 이 목숨을 바치옵나이다."(정광익,『짠딱크와 유관순』, 1954년. 이 인용문은 유관순에 대한 전기문으로, 일부 각색한 부분이 없지 않으나, 여기에서는 옛날 말투를 일부 현대어로 전환하였다.)

유관순 열사가 학교 강당의 뒤에 있는 기도실의 차가운 마룻바닥에 엎드려 울면서 기도한 내용이다. 그리고는 의연히 학교로 돌아와서 선배 언니들에게 담대히 말한다.

> "제 나이 비록 어리지만 나라를 위하는 정성은 남 못지 않습니다. 무슨 일이든지 언니들이 시킨다면 목숨을 아끼지 않고 거행하겠어요."

종교간의 벽을 허물고 동지를 규합하며 치른 독립만세운동
유관순의 나라를 위하는 정신에 숙연함과 담대함이 느껴진다. 이렇게 해서 유관순은 이화학당의 극소수 학생들만이 참여하는 결사대에 가담하였고, 이튿날 직접 현장으로 달려간다. 유관순과 결사대 회원들이 교장 선생님의 만류를 뿌리치고 만세운동에 참여한 것이다. 만세운동으로 인해 3월 10일에 휴교령이 내려지자, 유관순은 고향인 천안으로 내려가서 아우내(지금의 천안 병천) 장터에서 독립만세운동을 이어간다. 서울에서는 다른 이들이 조직한 운동에 참여한 것이었지만, 고향에서는 몸소 독립운동을 이끌어 간다. 나라가 있어야 개인도 가정도 있다는 그녀의 뜻에 따라 부모님과 온 가족이 독립운동 대열에 앞장선다.

독립운동을 하는 데 종교의 다름은 문제가 되지 않았다. 유관순은 먼저 교회를 찾아다니며 동지를 규합했고, 그 다음에는 유림으로 대표되는 선비들을 찾아다니며 함께 독립운동에 참여할 것을 권했다. 이렇게 밤낮을 가리지 않고 독립운동의 기세를 몰아갔고, 급기야 아우내장터에서 거사를 단행한다. 서울에서는 양력 3월 1일에 만세운동이 일어났다면, 고향인 천안에서는 음력 3월 1일(양력 4월)의 아우내장터 장날을 거사일로 잡고, 가열찬 독립만세운동을 펼친다. 이때 유관순의 가족은 모두가 만세운동에 가담했다가 처참한 최후를 맞는다.

열사의 가문

일본 헌병대는 유관순의 가족을 더욱 모질게 대했다. 부모 두 분은 모두 독립운동을 하다가 목숨을 잃었고, 유관순은 체포되어 공주지방법원으로 이송되었다. 징역 5년형이 선고된 유관순은 다시 경성

항소심에서 징역 3년형을 선고받았다.

감옥에 있으면서도 유관순은 주위를 돌보는 일에 앞장선다. 한 감방에 있던 젊은 부인에게 어린아이가 딸려 있었는데, 때마침 여러 날 햇볕이 나지 않아 기저귀를 말리지 못하여 젖은 기저귀를 채워주는 것을 보게 된다. 그러자 유관순은 아이의 위생에 좋지 않다며 기저귀를 자신의 허리에 차고서 체온으로 말려준 것이다. 그리고 감방에서 주는 밥을 자신은 굶어가면서 아기 어머니에게 덜어주었다. 나라 사랑에 투철했던 유관순이 이웃 사랑에도 헌신적이었음을 감방생활을 통해서 확인하게 된다.

하지만 유관순은 1920년 9월 28일에 서대문감옥에서 모진 고문과 시달림을 이기지 못하고 끝내 옥사한다. 10월 12일에 이화학당에서 유관순의 시신을 인수하여 수의를 해 입히고, 10월 14일에 정동교회에서 장례식을 거행한다.

이렇듯 유관순 열사는 부모 공경을 바탕으로 해서 나라 사랑과 이웃 사랑을 몸소 실천하는 모범을 보인다. 또 그의 부모와 가족들도 독립운동을 하다가 대부분 처형되거나 흩어져 떠돌게 된다. 나라를 위한 일에 헌신한 유관순 열사와 그의 가족들이야말로 국가 차원에서 기려야 할 위인 중의 위인들이고, 그의 부모 공경과 이웃 사랑 정신은 오늘날 우리들이 두고두고 본받아야 할 표상이다. 효심·애국심 등 유관순 열사가 보여준 행적을 기리고 본받는 일은 후손의 당연한 도리가 아닐까. 대한민국의 밝은 장래도 그 안에 있을 것이다.

올바른 윤리 경영의 본보기
유일한

'안티푸라민'이라고 하면 만병통치약으로 통하던 시절이 있었다. 약통 뚜껑에는 무성한 가지를 늘어뜨린 커다란 버드나무가 그려져 있다. 버드나무는 모진 비바람이 몰아쳐도 부러지거나 넘어지지 않는 질기고 강인한 특성이 있다. 여기에 남모르는 민족적 사연을 담았다. 버드나무처럼 꿋꿋이 일어나서 일본 제국주의의 어떠한 압박에도 견뎌내겠다는 뜻이다. 해외에서 독립운동을 하던 서재필 박사가 유일한 박사에게 선물한 버드나무 목각 그림이 그 뿌리이다.

성공적인 기업가는 돈을 잘 모으는 재주를 가진 사람이다. 훌륭한 기업가는 모은 돈을 잘 쓰는 사람이다. 돈은 잘 벌지만 쓸 줄 모르는 사람은 반쪽 기업인이다. 요즘 사회의 코드에는 맞지 않는 사람이다. 시장의 흐름에서 좋은 물건을 만들어 돈을 많이 버는 것도 중요하지만, 번 돈을 잘 쓰는 것도 그 이상으로 중요하다. 이런 사람이야말로 오늘날 자유 시장 경제에서 가장 필요한 존재다.

그런 점에서 기업인으로 성공한 사람은 많지만 존경받는 이는 많지 않다. 돈을 버는 재주는 뛰어나지만 돈을 쓰는 재능이 부족하기 때문이다. 유일한 박사를 성공적인 기업인이자 훌륭한 기업인이라고 일컫는 이유는 돈을 잘 벌기도 했지만 잘 쓸 줄 알았기 때문이다. 그는 돈을 벌기 위해 평생을 바쳤다. 하지만 돈 버는 것을 목적으로 삼지는 않았다. 그에게 돈은 수단일 뿐 궁극적인 목적은 아니었다. 번 돈으로 사회를 위해 쓰는 것이 궁극적인 목적이었다.

돈은 사람을 살리기도 하고 죽이기도 한다. 유일한 박사는 사회를 살리고 인간을 살리는 데 돈을 썼다. 노블리스 오블리제를 실천한 사람이다. 기업인으로서 어떻게 살아야 하는가를 보여준 상징적인 인물이다. 민족을 위한 정도 경영의 정신과 나라 사랑의 정신으로 한평생을 보낸 사람이다.

유복한 가정의 촉망받던 효자 맏아들

유일한(1895~1971년), 그는 청일전쟁이 한창이던 19세기 말엽에 아버지 유기연과 어머니 김기복 사이에서 맏아들로 태어난다. 전쟁의 와중에 아버지는 어린 유일한과 가족들을 데리고 평양 북쪽의 산속으로 들어간다. 비록 산속에서의 피난 생활이었지만 그의 가정은 유복했다. 아버지의 사업이 번창했기 때문이다. 하지만 아버지는 유일한이 자신의 사업을 잇기를 바라지 않았다. 사농공상의 신분 차별의식이 여전히 강했기 때문에, 자신이 하던 장사를 아들에게까지 물려주고 싶지 않았기 때문이다.

어린 유일한에게 어려서부터 가정교사를 딸려 공부를 시킨 이유이기도 하다. 장사꾼이 아니라 학자가 되기를 바랐던 것이다. 그는 당시의 이런 상황을 자서전에서 다음과 같이 밝히고 있다.

"나는 보통 한국 가정의 장남이었기에 가문의 영광을 위해 내 미래는 학자가 되는 것으로 예정되어 있었다. 아버지는 중국에서 온 상인들과 장사를 하셨는데, 당신이 못 하셨던 공부를 큰아들이 해야 한다고 생각하셨다. 아버지가 하시던 장사에 대한 관심 대신에, 나는 어릴 적부터 책과 가정교사에 둘러싸여 있었고, 다른 힘든 일은 하지 않았다. 얼음 썰매를 타거나 동무들과 산으로 가서 불쏘시개를 모아오고, 당나귀 등에 올라타는 등 아이들이 즐겨했던 놀이를 하지 못했다."(유일한, 『한국에서의 나의 어린 시절』)

자식 교육에 대한 아버지의 열정이 느껴진다. 유일한은 그런 부친의 뜻에 순순히 따른다. 요즘 식으로 말하자면 '아친아(아빠 친구 아들)'의 대표적인 경우가 될 듯싶다.

한 번은 유일한이 다른 친구들처럼 바깥에 나가서 소를 타며 마음껏 놀았다. 이를 알게 된 아버지는 공부하는 데는 환경이 중요하다며, 그를 미국으로 유학을 보낸다. 농촌에서 다른 아이들과 같이 어울리다 보면 공부를 할 수 없을 것이라는 판단에서였다. 유일한의 나이 아홉 살 때의 일이다. 아마도 유일한이 조기유학의 선구자가 아닐까 싶다.

제물포 앞바다에서 미국으로 떠나는 어린 유일한은 조국 산천을 바라보며 하염없이 눈물을 흘린다. 가고 싶은 유학이 아니었기에 뿌리치고 도망가고도 싶었지만, 엄한 부친의 뜻에 순종한다. 막상 그의 유학길은 눈물의 연속이었다. 어린 것을 유학 보내는 부친의 마음도 편치는 않았으리라. 하지만 자식의 장래를 위해서는 이 정도의 아픔은 견뎌야 한다고 부친은 생각한다.

청교도적 청빈한 삶

유일한은 모태신앙인이다. 일찌감치 기독교가 성행하던 평양의 지역적 특성에서 영향을 받은 바도 없지 않았다. 양반가에서 자랐지만 아버지는 반상(班常)의 차별이 없던 서양의 선교사들을 신뢰하고 좋아했다. 그들이 나눠주는 음식과 옷에는 별로 관심이 없었고, 사람은 모두가 평등하다는 사상에 마음이 끌린다. 아마도 장사를 하면서 받은 불평등한 대접 때문이었던 것 같다.

맏아들에게 굳이 학자가 되라고 당부한 것도 전통적 양반의 호사스런 생활보다는 평등을 추구하는 신학문을 더욱 신뢰한 까닭이다. 당시 양반과 선교사는 모두 넉넉한 부자라는 점에서는 비슷했지만, 신분 차별을 강제하고 빼앗으려고만 하는 양반과 평등을 추구하는 선교사가 질적으로 같을 수 없음을 인식한 것이다. 선교사들을 신뢰하고 따른 이유다. 어린 유일한도 이런 부친의 영향을 받는다.

미국 유학생활에서도 그는 철저한 청교도로 근면하고 청빈한 사람을 만난다. 네브라스카주의 커니라는 작은 마을에서 독실한 자매를 만나 교육을 받게 된 것이다. 이때 유일한은 그 전에는 겪어보지 못한, "일하지 않으면 먹지도 말라."라는 신조를 실제로 체험하게 된다. 다복한 집안의 맏아들로 태어났기에 그는 집안일은 물론 대소사의 일들을 몸소 해본 적이 없다. 이런 유일한에게 미국인 보호자는 일을 시킨 것이다.

그들의 검소한 생활과 솔선수범도 유일한으로 하여금 자연스럽게 그러한 일에 동참하게 만들었다. 자매는 구멍이 난 구두 한 켤레를 꿰매며 감사의 기도를 올릴 정도로 검소하고 근면했다. 비가 오면 비가 와서 감사하고, 해가 비치면 해가 비쳐서 감사하면서, 늘 감사하는 생활을 했다. 이런 그들을 보면서 유일한도 성장했고, 역시 똑같이 실천한다.

유일한에게 성경은 매우 훌륭한 학습교재였다. 잠잘 때 성경을 머리맡에 두면 자신을 지켜준다고 생각했다. 영어 공부를 할 때도 성경은 많은 도움을 주었다. 한글판 영어 교재가 없던 시절에 성경은 영어 공부를 위한 가장 훌륭한 자습서였던 것이다. 성경을 읽음으로써 영어 독해능력이 향상되었을 뿐만 아니라, 어린 유일한은 바른 마음과 바른 자세를 갖게 되었다.

아픈 현실을 직시하며 받은 애국심 교육

유일한이 미국으로 건너간 지도 5년이란 세월이 흘렀다. 열네 살 때의 일이다. 미국에 '한인 소년병 학교'가 세워진 것이다. 미국에 거주하는 한인들을 대상으로 조국의 독립을 위해 일할 장교를 양성하는 과정이었다. 하지만 이 과정은 교장인 박용만이 떠나면서 중단되고 만다. 짧은 기간이었지만, 유일한은 이때 조국의 아픈 현실을 직시한다. 국권 회복에 대한 책임감도 느낀다. 한국의 역사를 배우면서 민족적 자긍심도 갖는다. 그 동안 알게 모르게 미국에서 느꼈던 열등의식을 만회한 것이다.

고조선의 단군신화와 드넓은 만주벌판을 호령했던 고구려, 일본에까지 우리 문화를 전파했던 백제, 삼국 통일의 주역 신라, 그리고 고려에서 조선으로 이어지는 유구하고도 찬란한 우리의 역사를 처음 접하고는 무한한 자부심을 느낀다. 미국인 학교를 다니면서 미국의 국가를 부르고, 미국의 역사를 배우면서도 그의 마음 한가운데에서는 '나는 한국인이다. 한국인의 피가 흐르고 한국을 위해서 일해야 한다.'라는 생각이 떠나지 않았다.

그가 미국에서 느꼈던 가장 부러웠던 점은 막강한 경제력이었다. 경제력이 나라의 운명을 좌우한다는 사실을 깨닫는다. 이를 실현하기 위해서는 당장 그곳 미국에서 지지 않아야 한다고 생각한다. 모든 경쟁에서 이겨야 한다고 결심한다. 그리고는 공부도, 운동도 지지 않으려고 열심히 했고, 어떤 일이든 능동적이고도 적극적으로 대처한다.

나라가 사는 길

그는 변화시킬 수 없는 것은 운명이라 여기고, 바꿀 수 있는 것들은 모두 바꾸려고 노력한다. 자신의 외모와 작은 키, 한국인이라는 사실, 가족이 함께하지 못한다는 것 등은 피할 수 없는 운명이니 이에 대해 고민하거나 아파할 이유가 없다고 생각한다. 이로 인한 열등감을 더 이상 갖지 않은 것이다. 그러나 변화시킬 수 있는 것, 즉 무지와 열등감, 조급한 성격, 부족한 영어 실력, 조국의 가난, 아집, 편견, 식민지 상태 등등을 목록으로 만들어 놓고 극복하려고 노력한다.

유일한은 먼저 미국에서 인정받아야 한다고 생각하여, 미국인들이 좋아하는 것들을 하나하나 섭렵해 나간다. 비록 체력과 체격은 딸렸지만, 미국인들의 국기와도 같은 미식축구에 도전한다. 처음에는 무시하던 미국인들도 그의 노력과 실력에 놀라며 인정하기 시작한다. 뭐든 잘하는 그를 인정한 것이다. 이로부터 그는 아르바이트로 학비를 보태야만 하는 수고를 덜 수 있게 된다. 성적도 좋았던 데다 미식축구 선수로 선발되어 학비가 해결되었기 때문이다.

이때 그는 또한 결심한다. 민족과 국가를 위해서는 돈을 벌어야 한다. 큰 돈을 벌어 민족과 국가를 위해서 쓰겠다는 결심이었다.

고등학교를 졸업한 후 유일한은 대학 입학 등록금을 마련하기 위해 자동차 회사로 유명한 디트로이트에 가서 일을 시작한다. 거기에서 그는 포드 자동차 설립자의 가르침에 매료된다.

첫째, 미래에 대한 공포와 과거에 대한 존경을 버릴 것.

둘째, 경쟁을 위주로 하지 말 것.

셋째, 이윤보다 봉사를 먼저 생각할 것.

넷째, 값싸게 제조하여 값싸게 팔 것.

일명 '포디즘'이라 불리는 4대 경영원리다. 여기에서 유일한은 꿈과 희망을 발견한다. 공장과 사업의 필요성도 절감한다. 일할 공장이 있는 디트로이트에는 활기 넘치는 도시문화가 있고, 단란한 가정이 있음을 목격한다. 개인은 물론 가정과 사회와 나라를 위해 사업을 해야 한다는 꿈과 열망이 끓어오른 것이다. 거기에 바로 나라가 독립할 수 있는 길도 있음을 발견한다.

사업의 길, 구국의 길

1916년, 스물한 살의 유일한은 드디어 대학에 입학한다. 미시건대학이었다. 대개 미국으로 유학온 한국인들이 법학이나 정치학을 선택하지만, 돈을 벌어야 나라를 살릴 수 있다고 여긴 유일한은 상과를 선택한다. 비록 아버지는 그가 학자의 길을 가기를 바랐지만, 그는 나라를 살리는 길은 사업을 일으키는 것이라고 판단하여 상과에 진학한 것이다.

당장 유일한은 대학 재학 중에도 사업을 벌인다. 중국인들을 상대로 한 사업에서 큰 성공을 거둔다. 중국인들이 필요로 하는 것이 무엇이며, 무엇이 가장 시급한 것인가를 사전에 주도면밀하게 검토했기 때문에 이룬 성과였다.

"기업은 물건으로 성장하는 것이 아니다. 아이디어! 이것이 기업의 성장을 가져오게 하는 것이다."(『유일한의 어록』)라는 신조를 실제로 실현한 것이다.

서재필은 이런 그에게 "열심히 일하고 정당하게 부를 축적하되,

그것은 나와 내 가정을 위해 소유하기 위한 것은 아니다. 이웃과 사회에 경제적 도움을 주기 위한 것이다."라는 막스 베버의 말을 빌려 격려한다.

이후로 그는 번 돈을 동포와 조국을 위해 사용하겠다고 다짐한다. 그리고는 다니던 회사를 그만두고 다시 사업에 손을 댄다. 역시 중국인을 상대로 한 숙주나물 장사였다. 사업은 나날이 번창했다. 사업에 대성공을 거둔 그는 분야를 확장해 가며 사업 규모를 키워 나간다.

조국에서의 새로운 사업

미국에서 사업에 성공한 유일한은 21년 만에 조국으로 돌아온다. 하지만 그를 환영한 곳은 일본 교도소였고, 붙잡혀가 조사를 받는다. 가까스로 풀려난 그는 고향을 찾아가지만 고향에는 가난한 이웃과 온갖 질병이 만연해 있었다. 가족들은 모두 두만강 건너 북간도로 간 지 오래였다. 21년 만에 부모와 가족을 만난 그는 지난 시절을 눈물로 회고한다. 다행히 가족들은 여전히 다복한 생활을 하고 있었다. 이후로 유일한은 가족들보다는 병들고 가난한 조국의 동포들 생각에 마음이 무거워진다. 그리고 이들을 구하기 위해 구체적인 일에 손을 댄다.

'유일한 주식회사', 훗날 '유한양행'의 모태기업을 설립한 것이다. 연세대학 상과에 교수로 와달라는 부탁도 거절하고, 사업 일선에 나선다. 약품 판매 사업이었다. 한국에서도 사업이 번창하면서 점차 확장일로를 걷는다. 외국과의 무역도 성업을 이룬다. 사업이 커지자 일본과도 경쟁할 수 있었고, 일본도 함부로 건드릴 수 없게 된다. 조국을 살리는 길이 경제력에 있고, 경제가 살면 개인도 사회도 나라도 산다는 점을 확실히 체험한 것이다. 그리고는 자신과 동료들에게 조회 때마다 세 가지 다짐을 한다.

첫째, 항상 국민 보건을 위해 일해야 한다.
둘째, 우리 민족이 일본 민족보다 못하지 않다. 민족의 긍지를 갖고 일해야 한다.
셋째, 유한은 결코 개인을 위해서 있는 것이 아니다. 사회를 위해서 있는 것이며, 이 길을 통하여 우리나라의 경제 수준을 높여야 한다.

"기업의 소유주는 사회이다. 단지 그 관리를 개인이 할 뿐이다." 라는 평소의 소신을 실현해 간다. 일제 시대에 당국의 온갖 박해에도 불구하고 꿋꿋하게 기업을 성장시켰고, 6.25를 겪는 등 수많은 시련의 세월 속에서도 유한양행을 모범적인 기업으로 성장시킨다. 그러던 중 1971년 3월 11일, 향년 76세를 일기로 조용히 하늘나라로 떠난다.

놀라운 사실은 그가 떠났을 때 남겨놓은 유품이다. 만년필을 비롯한 일용품 몇 점, 구두 두 켤레, 양복 세 벌이 유품의 전부였고, 전 재산을 사회에 환언한다는 유서를 남긴다.

이렇게 자유 독립과 국가사회 발전에 기여한 그를 기리며 정부에서는 1995년에 건국훈장 독립장을 추서한다. 『조선일보』와『한겨레신문』등 보수와 진보의 언론들 모두로부터 그는 '한국을 빛낸 역대 인물'로 선정되기도 한다.

끝으로 그의 나라 사랑에 대한 절절한 마음을 알 수 있는 일화가 있다. 1960년대 말, 제2한강교(지금의 양화대교) 건설을 위해 주변 땅을 매입할 때다. 그런데 보상비 문제로 일이 진척되지 못하고 있었다. 땅 소유자들이 높은 토지 보상금을 요구하여 합의가 이뤄지지 않고 있었는데, 유한양행도 그 일대에 땅을 소유하고 있었다. 이때 그는 "국민을 위해 다리를 놓겠다는데 땅을 공짜로 주지는 못할망정 돈벌이 수단으로 삼는 짓을 할 수는 없다."라며, 당장 땅을 팔도록 지시했다고 한다.

유일한, 어려서 부모님의 뜻을 따라 유학길에 올랐고, 유학을 통해 배운 욕심 없는 삶의 철학과 기업가 정신은 실용적인 애국심으로 이어졌다. 그리고 교육이 바로 서야 나라가 바로 선다고 강조했던 그의 신념은, 오늘날 우리들이 본받아야 할 시대정신이 아닐까 생각해 본다.

민족을 노래하며 겨레의 마음에 별이 된

윤동주

죽는 날까지 하늘을 우러러
한 점 부끄럼이 없기를,

잎새에 이는 바람에도
나는 괴로워했다.

별을 노래하는 마음으로
모든 죽어가는 것들을 사랑해야지.

그리고 나한테 주어진 길을
걸어가야겠다.

오늘밤에도 별이 바람에 스치운다.

일본 제국주의 세력이 기승을 부리던 1941년에 윤동주가 쓴 그 유명한 「서시」다. 이때 그의 나이는 스물다섯 살이었다. 적지 않은 세월이 흘렀건만 여전히 많은 사람들의 입에 오르내리며 사랑받는 시들 가운데 한 편이다. 원래 제목은 '서시'가 아니었다. 시에 나오는 주요 시구를 따서 '하늘과 바람과 별과 시'라 했다. 그런데 누군가가 시집의 첫머리에 붙어 있다 해서 '서시(序詩)'라고 한 것이 제목이 되었다. 윤동주의 시를 실증적으로 규명한 일본인 오무라 마스오(大村益夫)의 말이다.

1985년에 중국 길림성의 연변에서 조선학 대회가 열렸다. 한·중 수교 이전의 일이다. 그때만 해도 중국에서는 윤동주가 한국민들에게 국민적 시인으로 존경받고 있다는 사실을 전혀 모르고 있었다. 윤동주의 고향인 연변 사람들도, 심지어 친척들조차도 윤동주에 대해 그다지 관심이 없었다. 신채호·김택영·김좌진 등은 한국문학사에서 언급되고 있었지만, 윤동주는 가려진 인물이었다. 한국에서 윤동주의 시가 전 국민적 사랑과 뜨거운 관심을 불러일으킨 것과는 완전히 대조적이었다. 아마도 생의 마지막을 일본에서 보냈기 때문일 수도 있으리라. 일본의 감옥에서 생을 마감한 윤동주를 고향에서는 외면하고 있었던 것이다.

다시 우리의 심금을 울리는 「서시」로 돌아가자. 이 시는 1941년 11월 20일에 쓴 작품이다. 태평양전쟁이 시작되기 직전이다. 일본 군국주의에 의해 많은 한국인들이 희생되던 시절이다. 하늘과 바람과 별을 빗대어 노래한 처녀의 감상적 심회(心懷)를 노래한 것처럼 들리지만, 사실 이 시의 내용은 일본에 대한 강한 저항과 다짐을 담고 있다. 일제의 온갖 회유와 압력에서도 불구하고 정직하고자 했던 윤동주의 내적 번민과 의지를 보여준다.

일생을 부끄럽지 않게 산다는 것은 결코 쉬운 일이 아니다. 하지만 주변에서는 얼마나 많은 이들이 세상과 타협하며 부끄러운 일을 저지르고 있는가. 원래의 순수한 마음을 버리고 세속에 물드는 그들의 모습을 목도하면서, 자신만은 이를 단호히 거부하겠다는 순수한 열정과 결백이 보인다. '좋은 게 좋은 게 아니라, 옳은 게 좋은 것' 이라는 단호한 의지의 표현이다.

어머니의 사랑

윤동주(1917~1945년), 초등학교 교사였던 아버지 윤영석과 독립운동가이자 교육자였던 규암 김약연 선생의 누이 김용 사이에서 장남으로 태어난다. 아명은 해환이며, 태어난 곳은 만주땅 북간도 명동촌이다. 조상들의 고향은 충청남도 보령이었지만, 증조부 때부터 이곳에 와서 살았다. 어려서부터 윤동주는 시로써 어린 시절의 추억을 전달한다. 누나와 함께 어머니에게 야단맞은 것을 그린 「빗자루」(1936년)가 대표적이다.

요-리조리 베면 저고리 되고

이-렇게 베면 큰 총 되지.

누나하고 나하고
가위로 종이 쏠았더니
어머니가 빗자루 들고
누나 하나 나 하나
볼기짝 때렸어요.

방바닥이 어지럽다고- 아니 아-니 고놈의 빗자루가
방바닥 쓸기 싫으니
그랬지, 그랬어.

괘씸하여 벽장 속에 감췄더니
이튿날 빗자루 없다고
어머니가 야단이지요.

어머니에게 빗자루로 엉덩이를 맞고 빗자루를 감춘, 누구나 한 번쯤은 겪어 보았음직한 경험을 시로 읊었다. 방바닥을 어지럽혀서 맞은 것을 두고 빗자루가 "방바닥 쓸기 싫어 그랬다."라고 표현한 해학 어린 상상력이 빛난다. 윤동주의 어머니는 여느 어머니처럼 회초리를 들었고, 그런 가운데서도 절약의 본보기를 보여주었다. 윤동주는 이를 「버선본」(1936년)이라는 시로 표현했다.

어머니!
누나가 쓰다 버린 습자지는
두었다가 뭣에 쓰나요?

그런 줄 몰랐더니
습자지에다 내 버선 놓고
가위로 오려
버선본 만드는 걸.

어머니!
내가 쓰다 버린 몽당연필은
두었다가 뭣에 쓰나요?
그런 줄 몰랐더니
천 위에 버선본 놓고
침 발라 점을 찍곤
내 버선 만드는 걸.

사모곡과 조국에 대한 사랑

윤동주는 어린 시절에 동시를 통해 순수한 어머니를 그렸다면, 점점 나이가 들면서 그 어머니는 윤동주 개인의 어머니가 아니라 조국이자 조선을 상징하는 언어가 된다. 고향과 어머니를 그리는 「고향집」(1936년)을 보자.

헌 짚신짝 끄을고
나 여기 왔노?

두만강 건너서
쓸쓸한 이 땅에
남쪽 하늘 저 밑엔
따뜻한 내 고향
내 어머니 계신 곳
그리운 고향집

　여기에서 고향집이란, 윤동주 개인의 고향을 의미하기도 하지만, 두만강 건너 북간도로 건너온 조선 사람 모두의 고향, 즉 조선 땅을 상징한다. 어머니도 윤동주 개인의 어머니일 뿐 아니라, 나라를 잃은 백성을 항상 그리워하는 '조국'을 가리키기도 한다. 낯선 땅 만주에서 태어난 자신을 "헌 짚신짝 끌고 나 여기 (왜) 왔노?"라고 하여, 그곳이 본래 자신의 터전이 아님을 드러낸다. 고향과 조국에 대한 그리움을 절절히 표현한 것이다. 이것이 좀 더 구체적으로 드러난 시가 「슬픈 족속」(1938년)이다.

흰 수건이 검은 머리를 두르고
흰 고무신이 거친 발에 걸리우다.

흰 저고리 치마가 슬픈 몸집을 가리고
흰 머리가 가는 허리를 질끈 동이다.

얼핏 보면 한 여인을 그린 소박하면서도 단순한 스케치의 한 장면 같다. 하지만 '흰 수건'·'흰 고무신'·'흰 저고리'·'흰 머리'는 우리 민족을 상징한다. 민족적 아픔이자 삶의 고달픔은 '슬픈 몸집'으로 표현했다. 일제의 압력으로 조국을 떠난 조선인들의 아픈 사연을 시에 담아낸 것이다.

학교에서 다진 민족의식

윤동주는 1925년부터 1931년 사이에 화룡현에 있는 명동학교에 다닌다. 명동학교는 1925년에 삼촌인 김약연이 세웠는데, 윤동주는 여기에서 일제가 가장 경계했던 조선의 역사와 민족주의, 그리고 독립사상을 교육받는다. 민족시인으로 성장한 배경이다. 여기에서 함께 공부했던 사람들 가운데에는 문익환(목사), 고종 사촌 송몽규(독립운동가), 외사촌 김정우(시인, 숭실고 교사) 등이 있다. 특히 송몽규는 가까운 이웃이었다. 또 그는 일본에서 독립운동을 하다가 투옥되어, 윤동주와 거의 같은 시기에 옥사한 인물이다. 혁명운동의 본거지로 널리 알려진 명동학교는 세 번의 화재를 당하는데, 모두가 일본인들이 벌인 짓이었다.

그리고 1932년부터 1935년까지 다녔던 용정의 은진중학에서 윤동주는 민족의식을 고취한다. 동학인 문익환 목사의 증언이다.

"1932년 봄에 동주와 몽규와 나는 용정 은진중학교에서 다시 만난다. 은진중학교는 캐나다 선교부가 경영하는 미션스쿨로서, 한때 모윤숙 씨가 교편을 잡았던 명신여학교와 한 언덕 위에 자리 잡고 있었다. ……그 지경은 만주국이 서기까지 치외법권 지대여서 일본 순경이나 중국 관헌들의 허락 없이 들어갈 수 없던 곳이었다. 우리는 거기서 태극기를 휘두르며 「애국가」를 목청껏 부를 수 있었다. 신나는 일이 아닐 수 없었다. 학교 행사 때마다, 심지어 급회를 할 때에도 우리는 「애국가」를 부르는 것으로 시작하였다."(문익환, 「하늘, 바람, 별의 시인, 윤동주」, 『월간중앙』, 1976년 4월)

그리고 은진중학의 동양사와 국사와 한문을 담당했던 명희조 선생의 강의는 조국 광복에 대한 꿈을 가르쳐주었다고 소개한다. 더욱 재미있는 것은 은진중학의 교과서는 일본말로 되어 있었지만, 모두 한글로 교육하고 공부했다는 점이다. 당시 교사들이 민족정신을 일깨우기 위해 동시통역으로 수업을 진행했기 때문이다.

민족의 효자, 자랑스러운 아들

윤동주는 부모보다 먼저 하늘나라로 떠난다. 부모의 가슴에 못을 박았으니 이보다 큰 불효도 없다. 윤동주의 시신을 본 부친은 부둥켜 안은 채 "동주야!" 하고 부르짖으며 오열했다. 하지만 부친의 오열은 단순한 비탄이 아니었다. '바른 세상을 만났으면 동주도 혁명 열사로서 받들어질 것인데, 이 아이의 일을 아무도 알아주지 않는구나!'라는 안타까움의 절규였다. 아버지는 결국 아들인 동주를 자랑스러운 민족의 아들로, 혁명 열사의 반열에 올려놓고자 애썼지만, 중국 정부(공산당)는 외면했다. 규정상 두 명 이상의 증인이 있어야 하는데, 이를 충족하지 못했기 때문이다.

이면에는 윤동주의 집안이 부농이었기 때문이라는 설도 있다. 중국에서 혁명 열사로 인정되면 여러 가지 사회적 존경과 경제적 혜택을 누리게 되는데, 지주의 아들을 그 자리에 올려놓을 수는 없었기 때문이었다는 뒷얘기다. 문화대혁명 시절에 윤동주의 집안은 부농계급으로 간주되어 홍위병들에 의해 산소가 파헤쳐졌다는 이야기도 이를 뒷받침한다.

윤동주, 그는 분명한 민족의식과 투철한 나라 사랑 정신을 기반으로 일본 제국주의에 대항한 열렬한 민족운동가였지만, 「별 헤는 밤」(1941년)에서는 별·어머니·친구라는 절절한 언어로 그 서정적 그리움을 숨기지 않는다. 그 안에서 조국에 대한 그리움과 사랑을 함께 표현한 것이다.

....
별 하나에 추억과
별 하나에 사랑과
별 하나에 쓸쓸함과
별 하나에 동경과
별 하나에 시와

별 하나에 어머니, 어머니

어머님, 나는 별 하나에 아름다운 말 한마디씩 불러봅니다.

소학교 때 책상을 같이했던 아이들의 이름과

패, 경, 옥 이런 이국 소녀들의 이름과

벌써 애기 어머니가 된 계집애들의 이름과

가난한 이웃사람들의 이름과

……

이런 ……이름을 불러봅니다.

이네들은 너무나 멀리 있습니다.

별이 아슬히 멀 듯이

어머님, 그리고 당신은 멀리 북간도에 계십니다. …….

총칼이 아닌 펜으로 일제에 저항한 민족시인

1930년대부터 1940년대까지, 조선은 일본 제국주의의 마지막 몸부림에 고통스런 나날을 보내고 있었다. 1936년에 숭실중학에 다니던 윤동주는 신사참배를 거부하며 학교를 그만둔다. 1939년에 제2차 세계대전이 본격화되면서 일본 제국주의 세력의 조선에 대한 억압은 더욱 거세진다. 암흑처럼 앞날이 캄캄하던 시절, 윤동주는 「눈감고 간다」(1941년)라는 시로써 민족의 횃불을 밝힌다.

태양을 사모하는 아이들아

별을 사랑하는 아이들아

밤이 어두웠는데
눈 감고 가거라.

가진 바 씨앗을
뿌리며 가거라.

발부리에 돌이 채이거든
감았던 눈을 와짝 떠라.

빼앗긴 나라 사람들에게, 나라를 빼앗겼더라도 전진할 것을 호소하는 내용이다. 밤이 어두웠어도, 눈을 감고 가더라도 독립에 대한 희망의 씨앗을 뿌리라는 메시지를 담고 있다. 젊은이를 향해 겨레의 혼을 일깨우며 희망의 끈을 놓지 말라는, 미래를 위한 선구자적 생각이 절절한 내용이다.

이렇듯 윤동주는 민족적 아픔을 몸으로 느끼며 민족적 저항정신에 입각한 인간애 넘치는 서정시들을 남긴다. 문학적 서정성과 민족적 저항정신은 얼핏 어울리지 않는 것 같지만, 윤동주의 시들에서는 너무나도 잘 어우러져 나타난다. 시인의 단아하면서도 서정성 넘치는 혼과 처절한 민족의 아픔을 함께 담아, 쓰러져 가는 민족정신을 살리고 메말라버린 민족의 영혼을 일깨운 작품이 바로 윤동주의 시다. 총칼로 일제에 맞서 싸운 게 아니라 민족을 일깨우는 시로써 맞선 것이다. "하늘을 우러러 한 점 부끄러움 없이" 살고자 하여, 총칼 못지않은 무기로써 일제에 대항한 것이다. 일제에 의해 강탈당한 겨레의 혼을 일깨우고, 사람들의 마음을 깨끗하게 해주는 시로써 민족을 노래한 것이다.

시에 담긴 민족혼을 일깨우는 내용 때문에 윤동주의 시집은 당대에 출판될 수 없었다. 일명 「서시」를 비롯하여 「별 헤는 밤」 등 주옥같은 시들이 겨레의 혼을 담았다는 이유로 일제의 검열을 통과할지가 불투명했던 것이다. 결국 몇몇 지인들의 서재에서 훗날을 기약할 수밖에 없었다. 시간을 잃은 그의 시집인 『하늘과 바람과 별과 시』는 그가 타계하고도 3년이나 지난 1948년에야 마침내 햇빛을 보게 된다.

일본 유학 시절에 불러일으킨 민족혼

윤동주는 1942년에 연희전문을 졸업하고, 곧바로 일본으로 유학길에 오른다. 유학 시절에 윤동주는 고종사촌이자 평생의 동지였던 송몽규와 함께 늘 조국의 독립에 대해 논의한다. 이 때문에 이들은 일본 고등계 경찰의 요시찰 인물이 되었고, 결국 두 사람은 체포되어 옥중에서 꽃다운 나이인 스물아홉 살에 원통한 죽음을 맞이한다. 죄명은 '조선의 독립운동'에 가담했다는 것이다. 한편으로는 일본의 대학에서 교련 거부운동을 벌인 것도 일본 경찰의 미움을 받은 이유들 가운데 하나라는 증언도 있다. 그 시절 독립에 대한 염원을 담아 지은, 「쉽게 씌어진 시」(1942년)에 그러한 안타까운 심정이 담겨 있다.

대학 노트를 끼고

늙은 교수의 강의를 들으러 간다.

생각해보면 어릴 때 동무들
하나, 둘 죄다 잃어버리고
나는 무얼 바라
나는 다만 홀로 침전하는 것일까?

인생은 살기 어렵다는데
시가 이렇게 쉽게 씌어지는 것은
부끄러운 일이다.

육첩방('다다미방' 을 말함-인용자)은 남의 나라
창밖에 봄비가 속살거리는데
등불을 밝혀 어둠을 조금 내몰고
시대처럼 올 아침을 기다리는 최후의 나
나는 나에게 손을 내밀어
눈물과 위안으로 잡는 최초의 악수.

조국에서는 많은 사람들이 고생하고 있는데, 일본에서 편안히 유학하는 자신의 삶을 돌아보고는, 한편으로는 부끄러워하면서도, '시대처럼 (다가)올 아침' 을 노래하며 독립의 희망을 불태운 내용이다.

총칼이 아니라 펜으로 겨레의 혼을 일깨우던 윤동주는 1943년 7월에 독립운동을 벌인 혐의로 일본 경찰에 의해 송몽규와 함께 검거된다. 그리고 조선의 독립운동에 가담했다는 죄명으로 형을 선고받고, 후쿠오카형무소에 수감되었다. 그 후 윤동주는 1945년 2월 16일에, 송몽규는 같은 해 3월 10일에, 둘 다 29세의 젊은 나이로 감옥 안에서 세상을 떠난다. 유해는 용정의 동산교회 묘지에 묻혀 있고, 1968년에 모교인 연세대학교 교정에 시비가 세워졌다. 그리고 1985년에 월간문학사에서는 '윤동주문학상'을 제정해 시상하고 있다.

　　윤동주, 그는 살아 있을 때에는 잘 알려지지도 대접받지도 못했던 시인이다. 하지만 점차 그의 작품이 알려지면서 많은 사람들의 사랑을 받게 되었고, 이제는 영어·일어·불어·체코어·중국어로 번역되어 세계인의 가슴을 울리는 불후의 작품이 되었다. "온 겨레가 함께 노래할 명시(名詩) 한 편을 얻자면 한 세대를 기다려야 할 때도 있고, 두 세대를 기다려야 할 때도 있다."라고 어느 언론인이 말한 바 있다. 한국 민족사상 최대의 암흑기였던 일제 식민지 시기에, 겨레의 마음을 담은 맑고 아름다운 시로 조국을 일깨운 민족시인 윤동주의 시야말로, 한 세대 혹은 두 세대 만에 만날 수 있는 최고의 기념비적 작품이 아닐까 생각해본다.

겨레의 영원한 청년

윤봉길

피 끓는 청년 제군들은 아는가
무궁화 삼천리 우리 강산에
왜놈이 왜 와서 왜걸대나.

청년 제군들은 모르는가
되놈 되와서 되가는데
왜놈은 와서 왜 아니 가나.

피 끓는 청년 제군들은 잠자는가
동천에 서색(曙色)은 점점 밝아오는데
조용한 아침이나 광풍이 일어날 듯.

피 끓는 청년 제군들아 준비하세

군복 입고 총 메고 칼 들며

군악 나팔에 발맞추어 행진하세."

의거를 거행하기 직전에 매헌 윤봉길 의사가 「청년 제군에게」라는 제목으로 남긴 유촉시(遺囑詩)이다. 암흑 같은 세상에 밝은 태양이 떠오르듯, 조국 광복의 희망이 보이니 모두 일어나 독립군이 되어 힘차게 행진하자는 내용이다.

효(孝)가 나라의 근본

윤봉길(1908~1932년), 그는 충남 예산군 덕산면 시량리에서 부친 윤황과 모친 김원상 사이의 5남 2녀 중 장남으로 태어난다. 1918년에 덕산공립보통학교에 입학하지만, 다음해에 3.1운동이 일어나자 곧바로 자퇴한다. 그리고 2년 후에 오치서숙에 들어가 한학을 공부한다. 전통적 효와 예절을 기본으로 익히고 사서오경을 공부하던 시절, 매헌은 공동묘지에서 묘표를 뽑아들고 선친의 무덤을 찾아달라고 간청하는 젊은이를 목격한다. 묘표를 모두 뽑았기 때문에 무덤의 위치조차 알 수 없게 만든 젊은이의 행동이 무지 때문임을 깨닫는다. 또 그런 무지가 나라까지 망하게 했다고 생각하여, 농촌 계몽운동을 펼치겠다고 마음먹는다. 문명 퇴치에 앞장선 것이다. 열아홉 살 때의 일이다.

동시에 인간의 참된 도리가 효에 있음을 알고 위친계(爲親契)를 조직한다. 연로한 부모를 둔 사람들이 모여서, 매달 또는 계절마다 돈이

나 곡식을 모아 비축했다가, 길·흉사가 있을 때 쓰는 일종의 효 실천을 위한 계모임이다. 요즘 식으로 말하자면 상조회 활동이다. 회원 상호간의 친목 도모는 물론이고, 부모 공경의 도리를 함께 확인하고 격려하고 위로하면서, 효가 나라 사랑의 근본임을 주장하는 취지서도 만든다. 공부도 좋지만 근본은 효라는 사실을 알린 것이다.

농촌 계몽운동을 통한 나라 사랑

한편 매헌은 야학을 열어 한글을 가르치며, 문맹 퇴치와 농민 계몽에 나서고, 틈나는 대로 민족의식을 고취하는 일에도 심혈을 기울인다. 『농민독본』이라는 책도 저술하여 농민들에게 나눠준다. 우선은 농민 계몽이었지만, 그 가운데에는 일제의 식민 지배로부터 독립하기 위한 갈망이 책의 곳곳에서 배어난다.

> "인생은 자유의 세상을 찾는다. 사람에게는 천부의 자유가 있다. 머리에 돌이 눌리우고 목에 쇠사슬이 걸린 사람은 자유를 잃은 사람이다. 자유의 세상은 우리가 찾는다. 자유의 생각은 귀하다. 나에 대한 생각, 민중에 대한 생각, 개인의 자유는 민중의 자유에서 낳아진다."(『농민독본』, 제2권 제3과 「자유」)

농촌운동에 열중하던 매헌의 궁극적 목적이 나라의 자주독립이었음을 확인해준다. 이를 위해서는 일치단결은 필수조건이다. 조선을 다시 살리는 길은 단합하고 공동정신을 소유하는 것이다. 독립적 정신을 강조한 것이다.

"낡고 물들고 더럽고 못생긴 것을 무찔러 버리고, 새롭고 순수하고 깨끗하고 아름다운 것으로 만들어 놓지 않으면 안 될 조선에 있어서, 또 더욱 남달리 가진 힘이 빈약한 조선의 농민으로서는 무엇보다도 경우와 이해를 같이하는 사람끼리 일치 공동의 필요를 느낍니다. 독립적 정신이 조선을 살리는 원동력인 것과 같이, 농민의 공동정신이 또한 조선을 살리는 긴요한 하나입니다."(『농민독본』, 제3권 제6과 「농민과 공동정신」)

자주독립의 중요성을 농민에게 알리고, 속히 조선의 독립을 쟁취해야 한다는 점을 강조한다. 결코 조선이 약한 민족이 아니라는 것을 백두산을 예로 들어 역설하면서 자주독립의 기치를 드높인다. 그리고 1929년에는 월진회를 조직하여 농민운동에 활력을 불어넣는다. 월진회의 활동 목표는 다섯 가지다.

첫째, 야학을 통한 문맹 퇴치.
둘째, 강연회를 통한 애국사상 고취.
셋째, 공동 경작과 공동 식수를 통한 농촌경제 향상.
넷째, 축산 등 농가 부업과 소비조합을 통한 농가의 경제생활 향상.
다섯째, 위생 보건 사업과 청소년의 체력 단련을 통한 체력 향상.

하지만 일제의 차별과 탄압이 계속되어, 매헌의 뜻대로 되지는 않았다. 농민운동을 달갑게 여기지 않던 일제는 매헌을 요주의인물로 결정하고 감시하기 시작한다. 결국 농민운동의 목표가 이루어지기 위해서는 독립이 우선임을 깨닫는다. 곳곳에서 벌어지는 독립운동으로 인해 많은 사람들이 희생되는 소식을 들을 때마다 의분이 끓어올랐다. 매헌은 대한의 참된 행복이 독립된 나라에서나 가능하다는 사실을 알고 좀 더 큰 일을 도모한다. 그리하여 독립운동을 위해 중국에 망명하기로 결심한다.

효자 아들의 비장한 각오

1930년 3월에 매헌은 "대장부가 집을 떠나 뜻을 이루기 전에는 돌아오지 않는다."라는 글을 남기고 집을 나선다. 비장한 각오로 부모와 가족을 뒤로 하고 장도에 오른 것이다. 매헌의 고뇌에 찬 결단은 어머니에게 보낸 편지에 고스란히 담겨 있다. 1931년 10월에 중국의 산동성 청도에서 보낸 편지다.

"보라! 풀은 꽃이 피고 나무는 열매를 맺습니다. 만물의 영장인 사람, 저도 이상(理想)의 꽃이 피고 목적의 열매가 맺기를 자신합니다. 그리고 우리 청년 시대는 부모의 사랑보다도, 형제의 사랑보다도, 처자의 사랑보다도 일층 더 강의(剛毅)한 사랑이 있는 것을 각오하였습니다."

피 끓는 민족애 정신이 돋보인다. 부모·형제·처자보다도 나라를 먼저 생각한 내용이다. 나라 없는 가정은 상상도 할 수 없다는 것이다. 조국의 독립을 쟁취하기 위해 집을 떠난 매헌은 독립운동의 거점인 상해로 간다. 갈수록 심해지는 일제의 총칼에 저항하는 세력도 만만치 않았다. 1932년 1월에 상해사변이 일어나자, 당시 상황을 걱정하고 계실 조국의 어머니에게 편지를 쓴다.

"놀라지 마십시오. 너무나 염려하지 마십시오. 아세아 하늘에 바야흐로 몽롱한 거먹구름 널리 퍼져 세계 도시인 상하이에도 덮히었습니다. 29일 오전 3시부터 어지러워졌습니다. 고요히 잠자던 콜콜 코풀무 소리는 아이어이하는 울음소리로 변화하였습니다. 비행기 소리는 우루룽, 대포소리는 쾅쾅, 기관총 소리는 호도독 호도독 콩 볶았습니다. 이것은 민족의 힘의 발현입니다. 민족의 힘과 힘이 마주치는 소리입니다. ……이후로 또 간간이 통지올리겠사오니 너무나 염려 마십시오. 조계 내에는 각 경계선에다 철망을 늘이고 패병 못 들어오게 방어하고 있습니다. 이만 아뢰옵나이다."(「어머니 전상서」, 1932년 1월 31일)

매헌이 상해로 간 것은 조국의 독립을 쟁취하기 위해서였다. 일본군의 동향을 주시하며 자신이 조국의 독립을 위해 할 수 있는 일이 무엇인가를 고민한다. 그러던 중 임시정부의 지도자인 백범 김구 선생을 만난다. 둘은 의혈 투쟁의 방법을 모색하다가, 1932년 4월 29일 곧

일왕의 생일인 천장절에, 일본의 전승 기념 축전이 상해의 홍구공원에서 열린다는 사실을 알고 이를 기회로 삼는다. 개인적 울분이 아니라 민족적 울분을 한순간에 표출함과 동시에, 조선의 억울한 사정을 전 세계에 알릴 절호의 기회를 잡은 것이다.

세계를 놀라게 한 대한의 효자

매헌은 이를 위해 백범 선생이 조직한 한인애국단에 가입한다. "나는 적성(赤誠)으로써 조국의 독립과 자유를 회복하기 위하여 한인애국단의 일원이 되어 중국을 침략하는 적의 장교를 도륙하기로 맹세하나이다."라는 선서도 했다. 거사 장소인 홍구공원도 면밀히 답사하고, 김홍일 장군의 주선으로 폭탄도 준비하였다. 거사 당일 아침에 백범 선생과 함께 마지막 아침 식사를 하고, 거사 장소로 이동한다.

홍구공원에는 수많은 인파로 북적였다. 상해에 거주하는 일본인과 일본 군인 및 각국 사절, 각국 초청자 등 대략 2만 명이 넘는 인파로 복잡했다. 경계도 삼엄했다. 일본군 장교들이 수두룩했다. 오전 11시 40분경에 일본 국가 연주가 끝나갈 무렵, 매헌은 준비해간 물통형 폭탄을 단상에 던진다. 순간 단상은 피비린내로 뒤범벅이 되어 그야말로 아비규환의 현장으로 돌변한다. 청중들도 혼비백산하였다. 독립운동의 방향을 바꾼 역사적 순간이었다. 일제의 이른바 '문화정치' 하에서 신음하던 국내 동포의 민족의식을 각성시키고, 독립에 대한 열의를 고취시킨 거사였다. 거사가 성공하자 국내외에서 독립운동의 새로운 활로를 모색했고, 독립에 대한 민족적 확신도 갖게 되었다.

전 세계의 이목을 집중시킨 사건으로, 조선에 대해 세계인들이 관심을 갖도록 했다. 이날의 거사에 대해 중국의 장개석 총통도 치하했다. "중국의 백만 대군도 못한 일을 일개 조선 청년이 해냈다." 그리고는 대한민국 임시정부에 대해 전폭적으로 지원하겠다고 약속한다.

세계를 놀라게 한 거사는 성공적이었다. 매헌은 일본 경찰에 체포되어 형장의 이슬로 사라졌지만, 그의 나라를 사랑하는 기개와 정신은 영원히 우리들 가슴에 남았다. 스물다섯 살의 젊은 나이에 순국하였지만, 그 정신만은 길이길이 민족의 가슴에 아로새겨진 것이다. 민족의 자유와 조국의 독립, 그리고 동양의 평화를 위해 큰 뜻을 이룬 것이다. 끝으로 매헌이 두 아들에게 남긴 글을 살펴보자. 당장 제목부터 예사롭지 않다.

강보에 싸인 두 병정에게–두 아들 모순과 담에게.
너희도 만일 피가 있고 뼈가 있다면, 반드시 조선을 위해 용감한 투사가 되어라. 태극의 깃발을 높이 드날리고, 나의 빈 무덤 앞에 찾아와 한 잔 술을 부어 놓으라. 그리고 너희들은 아비 없음을 슬퍼하지 말아라. 사랑하는 어머니가 있으니, 어머니의 교양으로 성공자를. 동서양 역사상 보건대 동양으로 문학가 맹자가 있고, 서양으로 불란서 혁명가 나폴레옹이 있고, 미국의 발명가 에디슨이 있다. 바라건대 너희 어머니는 그의 어머니가 되고, 너희들은 그 사람이 되어라.

대한 사람의 심금을 울리는 「애국가」의 작사자

윤치호

"동해물과 백두산이 마르고 닳도록 하느님이 보우하사 우리나라 만세."

이보다 더 절절한 문장으로 우리나라를 표현할 수 있을까. 대한민국 영토의 끝자락인 동해와 백두산을 영원토록 하느님이 보우하신다는 이 선언, 이 다짐. 당시 제국주의와 패권주의로 치닫던 일본과 중국에 대한 경계의 말이 아닌가. 하늘이 보호하는 대한민국, "무궁화 삼천리 화려강산", 누구의 힘도 아닌 우리가 "대한 사람 대한으로 길이 보전하세." 언제 어디에서 들어도 가슴 뭉클한 가사 내용이다. 대한민국을 하나로 만드는 「애국가」. 타향살이의 설움도 이 노랫말로 달랜다.

"「애국가」를 내가 작사했다고 말하지 마시오."

하지만 「애국가」의 작곡자는 알아도 작사자는 아직도 미상이다. 전설 속의 5천 년 전 단군 할아버지는 알아도 100년 전 「애국가」의 작사자는 아직 모른다. 솔직히 말하자면 모르는 게 아니라 밝히고 싶지 않은 것이다. 어떻게 한 나라를 상징하는 국가를 만든 장본인을 모른다고 하겠는가. 대한민국 역사의 비극이다.

1955년에 국사편찬위원회에서 해방 후 10년이 되도록 「애국가」의 작사자를 명시하지 못하는 것을 안타깝게 여겨, 당대 최고의 전문가들이 한 자리에 모여 심의했다. 참석자는 백낙준·이병도·이선근 등 13명으로, 명실공히 당대의 한국을 대표하는 석학들이었다. 수많은 연구 결과와 자료를 토대로 논의를 거듭한 뒤 표결에 부친 결과, 윤치호 찬성 11표 반대 2표였다. 절대 다수가 윤치호를 지목한 것이다. 하지만 결과는 만장일치가 아니라는 명분으로 부결되고, 그 이후에는 더 이상 이에 대해 토론을 하지 않았다. 전체주의 국가도 아닌데 만장일치를 고집한 것도 문제지만, 정당한 자료와 문헌을 근거로 「애국가」의 작사자로 윤치호를 지목해 놓고도, 그의 친일 행적 때문에 이를 인정하지 않은 것이다. 민족적 아픔이다.

윤치호설의 근거로는 첫째, 지금의 「애국가」 가사가 남아 있는 가장 오래된 노래집인 『찬미가』(1908년)가 '윤치호 역술(譯述)'로 되어 있다는 점이다. 여기에서 역술은 곧 '지음'을 의미한다. 둘째, 『미주 신한민보』 1910년 9월 21일자에 소개된 윤치호의 「국민가」 가사가 「애국가」 가사와 일치한다는 점이다. 셋째, 1925년 10월 21일자 『동아일보』에 "동해물과 백두산이…의 「애국가」가 윤치호의 「애국가」에 부속되어 생겼다."라는 기록이 남아 있는 점 등이다.

더군다나 윤치호가 「애국가」의 작사자라는 증거로는 그의 「애국가」 친필이 남아 있고, 또 최규남·백낙준·김동성·최남선 등 당대 한국을 대표하는 학자들의 증언도 있다. 백낙준 박사는 서면으로 밝혔고, 1904년부터 1920년 사이에 부른 재미 한인의 찬송가 속에 '윤선생 치호 군 작사'라는 흔적도 남아 있다. 미국 적십자사가 발간한 책에서도 「애국가」의 작사자가 'Chiho Yun'이라고 되어 있다.

김활란이 개성에서 윤치호를 만났을 때 직접 들었다는 육성 증언은 우리의 가슴을 아프게 한다. "「애국가」를 내가 작사했다고 말하지 마시오. 내가 지은 줄 알면 나를 친일파로 모는 저 사람들이 부르지 않겠다고 할지 모르니까."(Donggillkim.com, 2009년 12월 7일.)

이런 자료와 증언이 아니라도 「애국가」의 작사자가 윤치호라는 실증은 국내외에서 많이 발견되고 있지만, 그의 친일 행적 때문에 이를 인정하지 못하고 있다. 친일을 문제 삼으며 역사적 사실조차도 고의로 은폐하고 있는 것이다.

입신양명의 효를 실천한 한국 최초의 근대적 지식인

좌옹 윤치호(1865~1945년), 그는 충남 아산군 둔포면 신항리에서 태어났다. 훗날 화려하고 다채로운 경력을 소유하게 된 데에는 부친인 윤웅렬의 적극적인 교육열이 크게 작용한다. 그는 다섯 살 때 고향에서 공부를 시작하여, 아홉 살 때에 서울로 올라와 새로운 세계를 접한다. 그리고 열한 살 때 한학자인 김정언에게서 한학을 배우고, 열다섯 살 때에는 어윤중을 만나 신학문의 세계를 접한다. 신학문을 중시하면서도 그는 한문과 일본어는 필수로 알아야 한다고 여겼다. 딸인 문희가 배화여학교를 3년이나 다녔는데도 한문과 일본어를 전혀 모른다(『윤치호 일기』 1919년 1월 7일)고 애석해한 일이 이를 증명한다.

그는 1880년대와 90년대에 일본·중국·미국에 유학하여, 한국 최초의 근대적 지식인이 된다. 이후로 그는 개화와 자강운동을 이끈 독립협회와 대한자강회의 회장을 맡았고, 한국 최초의 남감리교 신자이자 YMCA운동을 이끈 일제 시기 기독교계의 최고 지도자를 지낸다. 그는 한국 근대사에서 몇 손가락에 꼽히는 거물 중의 거물이다. 그렇게 된 데에는 부친의 적극적인 노력이 있었고, 아들 윤치호는 이에 성실히 보답하였다.

부친인 윤웅렬은 무과에 급제한 이후 아들인 윤치호를 어려서부터 열성적으로 교육시킨다. 아들이 크고 넓은 공부를 할 수 있도록 외국에 유학시키기로 결정한다. 먼저 윤웅렬 자신이 1880년에 수신사 김홍집과 함께 일본으로 건너가 일본의 발전상을 목격한다. 그리하여 우리나라도 개화가 필요하다는 것을 절감하고, 그 다음해인 1881년에는 아들 윤치호를 일본으로 가는 어윤중의 수행원으로 보낸다. 일본의 선진 학문을 배우도록 하기 위한 일종의 '조기유학'인 셈이었다. 이로써 윤치호는 개화의 선각자인 유길준과 함께 조선 최초의 일본 유학생이 된다. 1883년에는 개화파의 대표인 김옥균의 권유로 일본 주재 네덜란드 영사관의 서기관에게 영어를 배운다. 그 후 주한 미국 공사관의

통역관이 되어, 조선 최초로 영어를 구사하는 인물이 된다.

1888년에는 미국 유학길에 올라 미국 남감리회에 소속된 에모리 대학에 입학한다. 서재필·유길준 등과 함께 조선의 제1세대 미국 유학생이 되었고, 훗날 조선 감리교의 대부로서 중요한 디딤돌을 마련한다. 이렇게 윤치호는 아버지의 뜻을 따라 유학길에 오르면서 근대 한국의 대표적인 인물로 성장하였으니, 효의 궁극적 목표인 입신양명을 통해 부모를 영화롭게 한 것이다.

전통적 제사와 부모 공경

윤치호는 비록 본인은 추모예배를 드리지만, 전통적인 제사에 대한 일부 교단의 융통성 없는 견해를 비판한다. "오늘은 아버지 제삿날이다. 우리 가족은 평소처럼 간단하게 추모예배를 지냈다. 그건 그렇고, 장로교인들은 이런 예배조차도 제3계명, 제4계명, 제5계명을 어긴 것으로 간주한다. 그들은 심지어 우리가 조상의 무덤에 절하는 것조차 우상숭배라고 말한다. 그런데 미국인이라면 조지 워싱턴의 무덤 앞에서 모자를 벗을 게 아닌가! 아니 그럼 캔들러 박사가 작고한 자기 부친의 흉상 앞에서 모자를 벗는 것도 우상숭배란 말인가? 만일 그렇다면 제5계명(부모 공경)을 위반한 게 아닌가!"

월남 이상재가 그랬듯이 윤치호도 전통적 제사문제를 우상숭배가 아닌 부모 공경의 일환으로 생각한다. 이런 유연한 생각은 추수감사절기에 대한 태도에서도 드러난다. 교단별로 각기 다른 주일에 감사절 예배를 드리기는 하지만, 대개 미국에 의존하는 형식이고, 그에 대한 조선인 목사들의 주체적인 생각이 없다고 지적하면서, "조선 기독교는 자체적으로 단일한 추수감사절을 쇠야 한다."(1920년 11월 28일)라고 주장한다. 이는 3.1운동에 민족 대표로 참여했던 김창준 목사의 "예수 그리스도와 기독교 신앙을 구별할 필요가 있다. 조선적 기독교가 필요하다."(1926년 10월 22일)라는 주장과 일맥상통한다.

이런 분위기는 김활란이 이화여전 문제를 윤치호에게 전하면서 한 발언에서도 확인된다. "우리 이화여전의 분위기·교과목·규율 등을 조선화해 보려고 무던히 애써봤지만, 우린 도저히 해낼 수가 없었어요. 선교사 교수들이 훼방을 놓고 있습니다. 우리가 하는 대로 그냥 내버려 두질 않습니다."(1934년 9월 18일) 일제 시대에 미국 선교사들이 얼마나 갑갑하게 자신들의 원칙만을 고집했는가를 짐작할 수 있게 하는 대목이다. 금주나 금연 같은 조선의 절실한 과제를 해결한 것은 긍정적인 평가를 받지만, 전통문화에 대한 선교사들의 부정적 원칙은 지금까지도 정통을 자처하는 일부 한국 교회에서 완고하게 주장하여, 마치 기독교와 한국의 전통문화는 배치되며 상극인 것처럼 인식되고 있다.

60년 동안 쓴 일기에 나타나 있는 나라 사랑 정신

간간이 빠진 부분이 있지만, 윤치호는 1883년부터 1943년까지 장장 60년간 영어로 일기를 써서 기록으로 남아 있다. 자신의 일상생활은 물론 공인으로서의 활동 상황과 국내외 정세를 망라해서 기록한 매우 중요한 사료이다. 하지만 윤치호의 일기를 아는 사람은 흔치 않다. 일기가 존재한다는 사실조차 모르고 관심도 없다. '윤치호=친일파' 라는 공식이 부른 불행이다. 그런 점에서 진보 진영의 역사 인식을 대변하는 역사비평사에서 2000년 4월에 영어로 되어 있는 『윤치호 일기』를 번역해서 펴낸 것은 의미가 있다.

일기를 통해서 알 수 있는 것은, 그가 '독립' 보다는 '자강(自强)'을 중시했다는 점이다. 약육강식의 사회에서 조선이 나아갈 길을 무엇보다 조선인의 실력 양성에서 찾은 것이다. 교육과 종교 분야에 열정을 가졌던 이유도 여기에 있다. 그런데 3.1운동을 전후하여 이러한 자강론은 독립운동 무용론과 내선일체론으로 나아갔고, 이는 일제 시기 조선인들의 한 경향을 대표한 것이기도 했다. 그렇기 때문에 그의 이런 주장은 그를 친일파의 대부로 지목하게 만든 요인이 된다.

하지만 윤치호는 친일 매국노들과는 질적으로 다르다. 일본은 당시 친일 세력의 확장을 위해 후한 보상정책을 펼쳐, 시범적으로 이완용에게는 후작의 작위를, 송병준에게는 백작의 작위를 수여한다. 하지만 윤치호는 일본의 이 같은 처신에 대해, "이 매국노들이 보상받을 때마다 조선인들은 이들의 야비함과 조선 민족의 애처로운 현실을 상기하게 된다. 두 명의 가증스런 인간의 허영심을 만족시켜 주려고 1,700만 조선인들에게 수치심과 참담한 심정을 안겨준다는 건 현명한 정책일 리 없다."(1920년 12월 30일)라고 말하며, 일본의 저열한 보상정책을 비난한다. 다시 말해 일본의 넉넉한 보상정책에 이끌려 친일파가 된, 그래서 사적인 영화를 누리는 사람들의 행위와 일본을 이용하여 조선을 부강한 나라로 만들자는 윤치호의 나라 사랑 정신은 분명히 구별되어야 한다는 것이다. 나라가 힘이 없을 때 힘을 비축하기 위해서는 힘 있는 나라를 이용해야 한다는 것이 윤치호의 생각이었으니, 그의 생각은 친일(親日)보다는 용일(用日)에 더 가깝다.

"물 수 없으면 짖지도 마라!"

윤치호는 일기에서, 조선인을 10%의 이성과 90%의 감정을 가지고 일을 처리한다고 평가하면서, 고종 황제의 승하로 인한 주변의 분위기를 전한다. 조선인들은 국왕의 승하를 빌미로 가슴속의 울분을 토로한다고 하면서, 같은 동족으로서 "고종 황제를 생각하면 한 방울의 눈물이, 조선인들을 생각하면 두 방울의 눈물이 눈가에 맺힌다." (1919년 1월 23일)라고 하였다. 고종 황제의 무능과 그로 인한 멸국의 화를 비판하고, 동시에 조선인의 감정적 대응을 지적한 것이다.

또한 일기에서 주목되는 부분은, 조선인들의 실패가 게으름·불결함·허위·이기심·공공정신과 단결력의 결여·분파주의·지역감정 등에 있다고 지적하면서, 이에 대해 각성할 것을 요구한 대목이다. 민족성의 우열이 국가의 성패를 좌우하기 때문에, 교육을 통해 민족성을 개조해야 한다고 강조한 것이다. 성실·정직·신용·공공정신·노동 존중 정신 등의 덕목들을 함양하여 민족성을 변화시켜야 한다고 주장한 것이다. 그러는 가운데 일본인의 우월한 민족성, 즉 청결·근면·능률·단결력을 본받아야 한다고 주장한다. "물 수 없으면 짖지도 마라!"라는 좌우명도 여기에서 비롯되었다. 희망이 없는 독립운동에 대해 비판하면서, 오히려 일본의 힘을 활용해서 민족을 부흥시키자고 주장한 것이다. 윤치호의 입장에서 조선은 현실적으로 실력 양성과 민족성 개조운동이 우선이고, 독립은 불가능하다고 판단한 것이다.

역사적 재평가

역사적 인물에 대한 평가는 다면적으로 이루어져야 한다. 일면적인 평가나 선입견에 근거한 단정은 역사적 사실에 대한 왜곡을 불러올 수 있고, 명백한 사실을 놓칠 수도 있다. 윤치호에 대한 역사적 평가를 흑백논리로 재단할 수 없다는 것이다. 우리나라 근대사의 비극은 대개 일제 식민지 지배 때문에 발생한다. 어떠한 형태의 친일 행적도 용납할 수 없다는 민족적 순결주의가 한국 근대사를 반 토막으로 만든 것이다. 윤치호도 예외가 아니다.

그는 지식·명망·재력은 물론 신실한 삶을 살아온 국내 최고의 원로였다. 그렇기 때문에 그는 사회주의 운동세력을 제외한 모든 진영에서 영입하려고 했다. 민족주의 진영에서도 친일 진영에서도 그를 절실히 필요로 했던 것이다.

이런 윤치호를 두고 네덜란드 라이덴대학의 쿤 데 쾨스테르(Koen De Ceuster) 교수는 그의 영문 일기를 토대로, 윤치호가 제대로 평가를 받지 못했다고 지적한다. 그는 1995년에 대한민국 광복회가 주관한 「윤치호의 친일 협력에 대한 재평가」라는 주제의 강연에서, "한국의 지정학적 조건 때문에 좌옹(윤치호)이 자기 민족에게 오해를 받고 있다. 흑백논리가 강한 나라이니까. 일본이나 미국 어디에서나 좌옹 선생을 민족주의 애국자라고 말하는데, 그를 친일파라고 하는 나라는 한국밖에 없다."라고 지적하였다.

『윤치호의 협력일기』를 저술한 서울대 박지향 교수도 윤치호의 내면세계를 치밀하게 추적한다. 일본에 대해 협력한 자를 도덕적으로 매도하거나 협력의 동기를 개인적 욕심과 야망으로만 이해하는 것은 역사적 현상에 제대로 접근하는 방법이 아니라며 윤치호의 '친일'을 변론한다. 일기에 나타난 윤치호는 '자유주의자'이다. 자유가 인간의 가장 중요한 본성이라고 믿고, 자유주의의 가치인 근면과 자립, 점진적 역사 발전 등에 대해 깊은 신념을 갖고 활동한 사람이다. 그는 과격한 단절이 아니라 점진적 개선을 믿었으며, 너무 빠른 혁신은 보수주의보다 더 위험하다고 생각했다. 계몽과 교육이 더욱 절실한 과제라고 여긴 것이다.

한편에서는 윤치호의 친일 행각을 두고, 1930년대 나치즘과 공산주의가 창궐하는 세상에서 일본의 보호 아래 있는 것이 조선 민족이 생존하는 최선의 방법이라 생각했기 때문이라는 견해도 있다. 국제정세에 밝았던 현실주의자이자 자유주의자인 윤치호에 대한 적극적인 방어논리이다. 친일에 대해 평면적이면서도 단편적인 평가 이전에, 왜·언제·어떻게·무슨 뜻으로 친일을 하였는가를 성찰해보자는 뜻에서 나온 이야기다.

친일 청산은 역사적으로 매우 중요한 과제이다. 하지만 관이 나서거나 혹은 정부가 임명한 몇몇 사람들로 구성된 위원회가 몇 년 만에 해낼 수 있는 일은 아니다. 이 작업은 긴 안목에서 다양한 견해와 자료를 근거로 연구가 진척되어야 설득력을 얻을 수 있다. 혹 친일 행적이 드러났다 하더라도, 긍정적 요소들까지 역사에 묻고 평가절하하는 일은 없어야 한다.

「애국가」의 작사자

윤치호의 친일 행적이 분명하더라도 「애국가」의 작사자로서의 역사적 사실은 더 이상 방치되거나 묻어 두어서는 곤란하다. 그가 비록 친일파로 지목되어 경계의 대상이 되고는 있지만, 일부 진보 성향의 학자들까지도 "그에게 국가·사회를 생각하는 정신은 남아 있었다." "그래서 윤치호는 을사조약이 체결되자 즉시 관직을 버리고 애국계몽운동에 뛰어 든 것이다."(강준만, 『한국 근대사 산책』 3권)라고 평가하는 것은 눈여겨볼 대목이다.

보수와 진보의 어느 진영이든, 윤치호는 나라 사랑에 매진한 사람이었음을 인정한다. 나라 사랑 정신이 밑바탕이 되어 씌어진 「애국가」 가사는 1절부터 4절까지 한 구절 한 소절 모두가 전 국민으로 하여금 나라를 사랑하도록 만드는 소중한 내용이니, 한 절이라도 빠짐없이 불러야 할 것이다.

머나먼 타향에서 조국의 독립과 민족의 화합을 염원했던

이동녕

대한민국 임시정부 주석을 지낸 석오 이동녕(1869~1940년)은 70평생을 개화와 조국 광복을 위해 헌신하였다. 온갖 수난과 역경을 겪으면서도 여전히 분열하는 조국과 동포들의 실상을 바라보면서, 죽는 순간까지도 조국의 독립과 대동단결을 강조하였다.

부친을 도와 함께한 육영사업

그는 유난히도 독립유공자를 많이 배출한 충남 천안에서 태어나, 학문을 익힌 뒤 상경하여 응제진사(應製進士)에 합격한다. 다섯 살 때 서당에서 익힌 한문과 고전 실력으로 입신양명이라는 효의 기본을 실천한 것이다. 처음에 그는 아버지를 따라 원산으로 가서 육영사업을 한다. 부친은 어렵게 모은 돈을 출자해서 광성학교를 세운다. 나중에 그는 이곳에서 부친을 도와 교육에 열중한 적도 있다. 스물여섯 살 때인 1894년에는 인천·부산과 더불어 개화의 물결이 강했던 원산에서 기반을 닦고 살다가, 풍산김씨 김경선과 결혼한다.

그가 일본에 대해 반감을 갖기 시작한 것은 명성황후 시해사건(을미사변)을 겪으면서부터다. 스물일곱 살 때의 일이다.

그리고 곧바로 1896년 7월에 결성된 독립협회에 가입해서 민권운동과 개화운동에 나선다. 당시 아관파천 이후 러시아에 나라의 이권이 하나둘 넘어가자, 이권 수호운동을 펼친다. 정부의 친러파 인사들이 앞장서서 러시아에 이권을 넘기는 것을 보고는 울분을 토해내며 이권 수호에 나선 것이다. 개화와 민권운동을 하면서 동시에 국가의 이권을 지키려는 의지의 표현이었다.

그리고 그는 『제국신문』의 논객으로 참여하면서 국민 계몽운동에도 진력한다. 그 단면을 보여주는 논설의 일부를 살펴보자.

"각종 이권이 외국에 양여되고 정부의 고위 관리가 무능부패에 빠져 들어가는 것은 자강을 도모하지 않기 때문이다. 대저 자강을 급히 서둘러 도모하지 않으면 반드시 나라는 강대국에게 침략당할 위기를 맞게 될 것이다. 그것을 면하려면 먼저 세계사 발전에 발맞추어 개화를 힘써 실시해야 한다. 다음은 세계의 과학기술을 올바르게 받아들여 소화시키는 방도가 있는 것이다."

자강운동과 과학기술의 수용을 말하고 있다. 그리고 그는 민주시민의 기능과 임무, 여성 교육을 포함한 신식 교육의 필요성, 국어와 국사 교육의 강조, 외세의 배척과 모순의 개혁에 대해 논설을 통해 역설하면서 민족의식의 각성을 무엇보다 강조한다.

> "세계 강대국이 우리나라를 엿보고 있는 이때, 우리 민족은 이제 우리나라의 일이 우리 것이라는 사고방식을 가져야 합니다. 민족의식을 선양하는 방도는 우리가 우리의 실정과 주변 정세를 꿰뚫어 파악하고, 올바른 세계사의 흐름을 바로 인식하는 것입니다."

우리의 것을 우리가 지키지 못할 때 장래를 기약할 수 없다는 것을 강조한 것이다. 당시의 세계가 민족과 자국민의 이권을 중심으로 재편되고 있는 환경에서, 우리만이 뒤쳐질 수 없다고 외쳤다.

감옥에서 만난 동지들

하지만 나라는 점차 풍전등화의 위기로 내몰린다. 을사조약이 체결되어 외교권이 박탈되자, 그는 나라 사랑의 열정을 불태운다. 이때 그와 뜻을 함께하는 사람들과의 만남이 이채롭다. 그는 당시 민족 지도자들 중 상당수가 감옥에 갇혀 있을 때 함께 옥살이를 하며 뜻을 나눈다. 민족운동을 했다는 죄명으로 종로경찰서에 7개월간 구금되었을 때, 이준·이승만 등의 동지들을 만난 것이다.

그리고 1902년에는 이상재와 손잡고 YMCA운동도 함께 전개한다. 1904년에는 한일협약이 체결되자, 전덕기·양기탁·신채호·조성

환 등과 청년회를 조직하여 국권 회복운동에 나선다. 이때 김구와 이회영을 알게 되는데, 이들과 결사대를 조직하여 민족운동에 가담하다가 결국 투옥되고 만다.

여기에서 만나 인연을 맺은 동지들이 을사조약 반대 범국민운동을 벌인다. 특히 이동녕은 격렬한 상소운동에 앞장선다. 일본 경찰이 강력하게 진압하자, "이는 분명 내정간섭이요. 일본이 우리의 국권을 강탈하여 우리 이천만 신민을 노예로 삼는 조약을 억지로 맺으니, 최후의 일인까지 죽음을 초월하여 싸워야 합니다."라며 전의를 불태운다. 하지만 상소운동이 효과를 보지 못하자 교육운동에 힘쓰게 된다.

민족 교육기관인 서전서숙의 설립 운영

그래서 그는 1906년에는 북간도(중국 연길 용정)로 가서 민족 교육기관인 서전서숙을 설립하고 민족 교육을 실시한다. 최대 100여 명의 학생이 모인 서전서숙의 운영은 설립자가 비용을 모두 부담하여 전액 무상으로 교육하였다. 국어·국문학·역사·지리·국제공법·풍속·경제대의·수신·산술·한문·정치학 등의 교과목들 가운데 이동녕은 수신과 한국사 및 한문을 가르쳤다. 그리고 교육의 중심 내용은 민족 교육기관답게 반일 교육에 중점을 두었고, 독립항쟁에 필요한 독립군 양성소의 성격을 띠었다. 서전서숙이 탄압의 대상이 된 것도 이런 이유 때문이었고, 급기야 1년 만에 폐교당하게 된다.

하지만 당시 일제가 우민화 교육으로 교육계의 방향을 잡아갈 때, 서전서숙은 독립정신을 고취했다는 점에서 그 위상이 높게 평가된다.

독립운동사에서 서전서숙이 갖는 의미는 자못 심대하며, 훗날 명동학교로 연결되어 민족 교육기관의 명맥을 이어간다.

신민회 활동

1907년에 이동녕은 신민회를 주도적으로 조직한다. 안창호·김구·전덕기·양기탁·이동휘·이갑·유동열 등 일곱 명의 뜻을 같이하는 이들과 상동교회에 모여서 국권 회복운동에 나선 것이다. 모두가 상동교회 청년회 소속이었는데, 당시 상동교회는 애국운동의 중심이었다. 총무로서 사실상 실무책임자였던 이동녕은, 신민회의 투쟁 목표를 "우리 한국의 부패한 사상과 습관을 혁신하여 국민을 유신케 하며, 쇠퇴한 발육(發育)과 산업을 개량하여 사업(국권회복)을 유신케 하며, 유신한 국민이 자유 문명국을 성립케 함"에 두었다.

이를 위한 구체적인 사업 방법으로는, 첫째, 민족 교육과 그 실천, 둘째, 민족기업의 육성과 그 효과적인 활용, 셋째, 서적 편찬·민족의식 선양·국민정신 개조를 위한 국민정신 교육을 내세웠다. 이렇게 활동한 신민회는 비밀결사 조직으로서 국권 회복을 가장 큰 목적으로 하였고, 회원 수가 대략 800명선을 유지하였다. 동시에 이동녕은 한글 보급운동에도 심혈을 기울였는데, 이는 전덕기 목사에게 감동받은 한글학자 주시경 선생을 만나고 나서부터이다.

신흥무관학교의 설립

신민회를 설립하여 국권 회복운동을 하던 이동녕은 국내에서의 활동에 한계를 느낀다. 그리하여 좀 더 적극적인 방법을 모색하다가, 중국의 동삼성 유하현으로 건너가 최초의 사관학교에 해당하는 신흥무관학교(신흥강습소)를 설립한다. 1905년에 을사조약이 강제로 체결되면서 우리의 외교권이 박탈당하자, 무장독립군을 양성해야 한다는 구국의 일념 아래 설립한 학교였다. 우리나라가 아닌 중국에 이를 설립한 것은 국내에서는 대규모로 민족 교육과 무관 양성을 할 수 없었기 때문이다. 이곳은 1919년 이후 독립군에게 항일 독립전쟁의 기반이 되었지만, 그 이전에 겪었던 온갖 역경과 고난은 이루 말할 수 없었다. 1910년에 국권을 박탈당한 이후 뜻있는 사람들이 동삼성으로 몰려들자, 일제의 감시는 더욱 삼엄해졌고, 105인 사건 등 지식인에 대한 검거 선풍이 일었다.

1920년에 폐교될 때까지 여기에서 배출한 인력은 모두 3500여 명이나 되었다. 국내에서 탈출해온 청년들, 만주 지역에 사는 교포들, 과거에 의병 활동을 했던 청장년층 등 10대부터 50대에 이르기까지 다양한 이들이 모여서 조국의 광복을 위해 대의를 불사른 것이다. 봉오동 전투, 청산리 전투는 모두 신흥무관학교 출신들의 빛나는 독립투쟁의 성과들이다. 다음은 이들이 당시 조례 때마다 부른 「애국가」 가사이다.

"화려강산 동반도는 우리의 본국이요
품질 좋은 단군 자손 우리 국민일세
(후렴) 무궁화 삼천리 화려강산

우리나라 우리들이 길이 보존하세."

임시정부에서의 활동

이동녕은 군주제를 청산하고 민주공화제로의 제도 개혁을 주장한다. 의회민주정치의 구현을 위해 실천에 앞장선 것이다. "지금은 일반 백성이 정사를 의논하는 권리를 가졌은즉, 나라의 흥망이 또한 백성에게 달렸다."라고 하면서, "저는 본래 선비 집안에서 자라나 그 현실에 만족해 왔습니다. 그러나 이제 세계정세를 살피건대 황제의 다스림만이 능사가 아님을 깨달았습니다. 독립협회나 대한제국민력회에 깊이 관계하면서 민권의 소재를 파악했습니다. 국회라는 나랏일을 처리하는 기관을 세워가지고, 거기서 국민의 의사를 대변하는 일을 처리해야만 세계의 발전하는 여러 나라와 맥을 같이할 수 있을 것입니다. 아마도 그것이 국민의 참정권이 아닌가 싶습니다."라고 역설한다. 그로부터 국민참정권론은 국회개설론으로 구체화된다.

이후로 그는 임시정부의 의정원 의장(국회의장), 각부 총장(장관), 국무총리, 국무령, 대통령 대리, 주석 등을 두루 거친다. 1919년에 출범한 임시정부 체제에서 그는 김구 선생과 함께 20여 년간 독립운동에 헌신한다.

1940년에, 노년을 맞은 이동녕은 천식이 악화되어 소천한다. 직전까지만 해도 극도로 쇠약해진 몸을 이끌고 타향인 중국에서 임시정부를 이끌며 독립운동을 했다. 때로는 동쪽의 부모와 형제 친척이 있는 고국산천을 바라보며 눈물을 흘렸다. 하지만 거동할 수 없는 이동녕

은 초라한 임시정부 사무실의 단칸방에서 72세를 일기로 조용히 서
거한다.

지도자 중의 지도자

주변에서 지켜보면서 이동녕을 지도자로 모시고 함께 활동했던
김의한의 부인 정정화와 조경한은 다음과 같이 회상한다.

"애국지사의 마지막 가는 길은 쓸쓸하기 한량없었다. 선생(석
오)이 칠십 평생을 두고 걸어온 험난하기만 했던 가시밭길에 비해,
일제의 식민지 국민이라는 굴욕적인 처지로 한생을 마친 선생이
돌아오지 못할 길을 가는 모습은 너무도 보잘것없었던 것이다.
……석오장은 영욕과 회한의 마지막 숨을 거둘 때까지도 깨끗하고
꼿꼿한 자태를 전혀 흐트러뜨리지 않았다. ……석오장은 나 한 개
인에게 뿐만 아니라 우리 임정의 큰 인물이었다. 지도자다운 지도
자였다. 깔끔한 용모답게 공적인 일이든 사적인 일이든 간에 너저
분한 것을 용납하지 못했고, 무슨 일을 처리하든 공정했다. 주의나
주장이 확고하면서도 언제나 말수가 적고 청렴했던 탓에, 그와 정
치적으로 대립하고 있던 이들도 선생을 존경하고 흠모하기를 마지
않았다."

"선생은 용모부터가 위풍이 있어 보였으며, 마음이 강직하니
말에 또한 위력이 있었다. 그러기에 내분이 잦았던 임시정부와 그

외곽단체에서 선생이 나타나 한번 말만하면 모두들 죽은 듯이 조용했다. 그의 언변에 언제나 진실을 주는 감동과 사리를 분명히 하는 질서가 있었다. ……임시정부에 허구한 날 굶기를 밥 먹듯이 한 어려움 속에서도 김구는 늘 석오를 따랐고, 큰 일이나 작은 일이나 모두 석오와 의논하는 습성을 하루같이 했다고 한다. 그만큼 김구는 석오를 스승처럼 혹은 부모와 같이 또는 형님처럼 섬겼었다."

청아한 인품과 뛰어난 지도자의 모습을 기린 내용이다. 또 임시정부의 대명사처럼 불리던 백범 김구 선생이 그렇게도 존경하고 따랐던 분이 이동녕이었음도 알게 된다. 그가 서거하고 나서 그가 간절히 원하던 정당 통합의 길도 열린다. 당시 하나로 단합하지 못하고 사분오열되는 정당과 사회단체들을 보면서 늘 가슴아파하며 하나 되기를 소망했는데, 그가 서거하자 그의 뜻을 받든 지도자들이 한국국민당을 중심으로 한국독립당과 조선혁명당이 한국독립당으로 통합한 것이다.

물론 그 이전에 합작 협력에 대한 모범을 보이기도 한다. 3.1운동 이후 국내외에 6, 7개나 되는 임시정부를 상해 임시정부로 통합시키려고 했고, 비록 그 과정에서 좌우 합작을 이루지는 못했지만, 우익 3당을 통합하는 업적을 이루었다. 그리고 그의 사후에 한국독립당으로의 대통합이 이루어진 것이다.

눈을 감는 순간까지도 민족적 화합과 정당 통합을 염원했던 그의 소원이 일부 성과를 이룬 것이다. 이런 그를 기리는 마지막 길은 1940년 3월 17일에 중국에서 국장으로 치러진다. 한국인도 중국인도 눈물

바다를 이룬 긴 장송행렬은 1km 이상이나 되었다. 1945년에 광복이
된 뒤, 그해 9월 22일에 그의 유해는 백범 김구 선생에 의해 봉환되어
서울 효창원에 안장된다.

　불우한 시기에 태어나서 부모와 어른을 섬기다가 나라 사랑에 대한
열정을 불태운 그는, 결국 임시정부 지도자가 되어, 우리 민족의 화합
과 번영, 그리고 통일의 희망을 전해준 진정한 지도자 가운데 한 사람
이었다.

강화도 진위대장

이동휘

이승만·안창호 등과 함께 일제하 한국 독립운동사에서 빼놓을 수 없는 사람. 새로운 종교적 이상을 따라 강화도에서 현실적 기대를 구현하려고 했던 사람. 진보적 성향을 지니고 있으면서도 평생을 올곧게 산 사람. 사회주의 진영, 민족주의 진영, 종교 사회 운동단체 모두들로부터 논의를 꺼리던 부담스러운 인물. 민주화 이후 늦게나마 연구자들로부터 주목받으며 자료가 정리되기 시작한 실천적 독립운동가. 바로 이동휘를 두고 하는 말들이다.

벽촌의 기대주 효자

이동휘(1873~1935년), 그는 척박한 땅인 함경남도 단천군 파도면 대성리에서 이승교의 아들로 태어난다. 바다에 인접하고 산으로 둘러싸여 있는 단천은 지리적 폐쇄성 때문에 주변과의 교류가 잘 안 되던 곳으로, 대한제국의 급변하는 정세도 느끼지 못하는 벽촌 지역이었다. 그런 환경에서도 그는 뛰어난 기개와 무용을 연마하며 성장한다. 비록 가난하지만 준수한 외모 덕분에 어려서부터 부모님의 기대를 한껏 받는다. 부모가 교육에 심혈을 기울인 이유다.

그는 1880년에 향리의 서당에 들어가 입신양명의 꿈을 키운다. 하지만 모친이 병으로 사망하면서 부친의 가르침에 의지하며 자란다. 부친은 한학적 기초 위에서 아들에게 효와 예절을 가르친다. 동시에 만연해 있던 신분 차별에 대한 각성을 촉구한 새로운 교육도 받는다. 부친의 가르침에 늘 순종하며 따르는 그를 부친은 무척이나 아끼고 사랑한다. 부친은 한일합방 이전에 보성관과 매일신문사에 근무하면서 계몽운동을 펼친 민족주의자 가운데 한 사람이다. 합방 이후에는 만주와 노령 등지로 옮겨 다니면서 항일 독립운동을 전개하기도 한 애국지사이기도 하다.

효자 애국자 가정

부친은 이동휘의 아명을 '독립'이라고 지었을 만큼 민족정신이 투철했다. 그때가 19세기 말이었으므로 일본으로부터의 독립이라기보다는 중국(청나라)으로부터의 독립이라는 의미가 더 강했던 시절이다. 중국의 사신을 영접하던 '영은문'을 헐고 '독립문'을 세운 것도 그시절의 일이다. 직접 지은 '동휘'라는 이름도 '동쪽 나라에서 빛나는 인물이 되라'는 뜻으로, 부친이 지향한 독립이 중국으로부터의 독립이었음을 알게 해준다. 일제 강점기 이전에 조선이 청나라에 의존하고 있었음은 주지하는 사실이다.

청나라로부터 독립하고 얼마 지나지 않아 일제의 간섭이 시작되었으므로, 조선의 독립투쟁의 방향도 일제를 겨냥하게 된다. 부친의 독립운동도 중국 대신 일본에 대항하는 방향으로 나아간다. 아들인 이동휘에게도 그의 애국사상은 전달된다. 아들이 적극적인 독립운동을 할 수 있도록 뒷받침도 한다. 나라와 민족에 대한 남다른 의지를 지녔던 부친이, 훗날 이동휘가 만주·노령 지역과 상해 임시정부에서 항일 독립운동에 나설 때 아낌없이 지원하고 격려했던 것이다. 이동휘의 강한 민족애와 항일 독립정신은 철저히 부친의 가르침과 뜻을 계승한 것이므로, 그의 애국심의 이면에는 효심이 함께 자리하고 있었던 셈이다.

가족들이 모두 철저한 애국심으로 무장되어 있었다. 두 딸은 교육 활동과 여성운동 차원에서 독립운동을 전개하였고, 역시 독립운동에 적극적이던 정창빈과 오영선에게 시집을 보낸 것도 이러한 민족애 때문이었다. 이렇듯 그의 온 가족은 독립운동에 매진한 애국가족이었던 것이다.

이동휘는 독립운동의 선봉에 서기 위해 한성무관학교에 입학한다. 당시 한성무관학교는 양반과 귀족만이 입학할 수 있는 학교였다. 이동휘가 평민 신분으로 그 학교에 입학할 수 있었던 데에는 특별한 사유가 있다. 바로 나라를 아끼는 남다른 열정과 노력이 주변을 감동시켰기 때문이다. 독립운동 전선에서 활약한 부친의 노력도 있었지만, 애국심에 감동한 주위 사람들의 관심과 지원도 무시할 수 없었다. 특히 1882년에 임오군란 당시 민비의 충주 도피를 도왔던 이용익의 도움이 컸고, 다른 지도자들도 그를 추천하는 데 적극적이었다.

1897년에 무관학교를 나온 그는 애국활동에 본격적으로 나선다. 독립협회에 가입하여 활동을 전개하였고, 한편으로는 상동청년회를 이끈 전덕기 등과 뜻을 같이한다. 특히 전덕기와의 인연은 신민회와 개혁당 활동으로 이어진다.

평소 그의 강직한 성격은 일부 부패한 관리들을 강하게 질책하는 형태로 드러난다. 삼남검사관으로 임명되었을 때의 일이다. 부패한 삼남지방의 군수 14명을 파직시키고, 50만 냥의 엽전을 압수한다. 이 사건이 언론에 대서특필되면서 그는 올곧은 인물로 부각되어, 존경과 선망의 대상이 된다. 권력에 아부하며 기생하는 관리가 판을 치던 시절에, 옳은 일을 위해서는 어떤 권력 앞에서도 전혀 주저하지 않았던 그의 정직성과 과단성을 높이 산 것이다.

국민 통합운동과 애국 계몽활동

1903년에 그는 강화도 진위대장으로 부임한다. 강화도는 서울로 가는 바다의 길목으로, 요충지였기 때문에 옛날부터 강화도 진위대장은 매우 중요한 직책이었다. 공무로 부임하였지만, 그는 강화도에 학교를 세우고 민족 계몽활동을 펼친다. 당시 강화도에는 미국인 선교사와 한국인 목회자가 두세 명의 학생밖에 없는 잠두의숙이라는 초소형 학교를 운영하고 있었다. 작다 못해 초라한 학교의 모습을 보면서

그는 좀 더 규모가 있는 학교로 만들면 큰일을 도모할 수 있을 것이라
고 판단한다. 이렇게 해서 만들어진 학교가 합일의숙이다. 1902년에
강화도 최초의 정통 사립학교가 세워진 것이다. 현존하는 합일초등학
교의 전신이다. 학교를 세운 것은 국권 회복을 위한 민족 계몽운동의
필요성 때문이었다.

1908년에 그는 안창호와 함께 민중 계몽활동을 위해 서북학회를
결성한다. 서북학회는 국권 회복운동을 전국적·국민적 차원으로 규
모를 확대하여 결집시키려는 취지에서 몇 개의 학회를 묶은 단체이
다. 창립 축사에서 이동휘는 "국민이 단합되지 못하여 국권을 상실했
다. 서북 인사의 단합은 국가의 독립과 자유를 회복하는 데 기초가 될
것이다."라고 하면서 민족적 역량의 결집을 촉구한다. 창립 목적은
국권 회복, 인권 신장, 근대 문명국가 건설이었다. 학교의 건립도 잡
지의 발간도 이 때문에 필요했다. 애국심을 함양하기 위해서는 실력
양성과 민중의 힘을 한데 모아야 한다고 생각한 것이다.

이는 1907년에 결성된 비밀결사인 신민회와 뜻이 맞아떨어졌다.
신민회는 전 국민적 힘을 한데 모으기 위한 비밀결사로, 이동휘·안창
호·양기탁·전덕기·이동녕·이갑·유동렬 등이 창건위원이었다. 이들
도 역시 교육의 중요성을 절감하였다. 애국주의 함양과 신지식을 가
르치기 위한 학교 설립을 강조한다. 이로부터 서북학회와 신민회가
후원하는 다수의 학교가 설립되는데, 그 이면에는 이동휘의 노력과
헌신이 절대적이었다.

1910년에 한일합방이 체결되자 매국의 원흉들을 지탄하는 움직임

이 매우 격렬하게 일어났을 때 이동휘가 앞장선다.

"매국 공적들아! 너희들이 우리 생령을 멸하고 아직도 뻔뻔한 낯으로 우리 동포를 대하고 있느냐? 매국 공적들아! 남이 너희들의 재산을 차지하고 너희들의 처자를 노예로 삼는다면 너희들은 좋겠느냐? 반드시 좋아하지 않을 것이다. 그렇다면 너희들은 사유권을 향유하는 것과 윤리상 차마 할 수 없는 마음이 이성을 간직한 사람과 같은데, 어찌 국가의 백성들을 생각하지 않느냐? 매국 공적들아! 너희들이 감히 온 국민을 남의 노예로 만들고 너희 가정만 즐겁게 살려고 하지만, 너희들도 따라서 그들의 신복이 될 것이다."(『을사늑약 항변 자료』)

매국노를 규탄하는 그의 울분과 의지가 얼마나 강했는가를 확인할 수 있다.

그는 이렇게 합방에 결사 반대하다가 결국은 체포되어 구금된다. 감옥에서도 독립에 대한 열정은 조금도 식지 않았고, 석방 이후에는 전국 각지를 순회하며 항일 계몽운동을 펼친다. 105인 사건 때 다시 구속되었다가 풀려나서도 계속 활동하며 민족 계몽운동에 앞장선다. 그리고 국내보다는 국외에서 더 활발히 독립운동을 전개할 수 있을 것이라는 판단 아래 북간도로 망명하여 민족운동을 이어간다. 그는 이렇게 조선의 민중들을 애국심으로 무장시키는 데 누구보다 앞장섰던 사람이다.

효심으로 나라 사랑운동을 펼친

이상재

이상재는 1850년 10월 26일에 충남 서천군 한산면 종지리에서 전통적 유학자 집안의 후손으로 출생한다. 호는 월남이다. 고려 말의 충신이자 유학자였던 목은 이색의 16대손이다. 어려서부터 남다른 재주가 있던 이상재는 일곱 살 되던 해부터 한학을 공부하며, 『천자문』·『동몽선습』·『통감』 등의 계몽도서를 읽고 열세 살 때에는 어른들도 어려워하는 『춘추좌전』까지 독파한다. 그리고 열다섯 살 때인 1865년에 강릉유씨와 결혼하고, 같은 해에 그를 효자로 소문나게 만든 사건을 경험한다.

아버지 대신 감옥에 간 효자
같은 마을에 사는 토호와의 사이에서 소송사건이 일어난 것이다.

4년 전에 세상을 떠난 조부의 묘 터가 명당이라고 소문이 나자, 고을에서 힘깨나 쓰는 사람이 이를 빼앗으려고 관리들과 짜고서 허위사실로 소송을 제기한 것이다. 아무 준비도 없는 상태에서 졸지에 당한 소송에서 부친은 패소하여 그만 감옥에 갇히고 만다. 이때 이상재는 부친을 대신해서 신혼의 단꿈도 접고 감옥에 간다. 이런 그의 지극한 효성에 감동한 재판관은 사흘 만에 그를 석방했다고 한다. 감옥에서 나온 그는 곧바로 가족이 당한 억울함을 해소하고자 군수를 찾아가서 다시 재판을 진행하여 승소를 이끌어낸다. 부모에 대한 지극한 효성과 사회정의 실현에 집요함을 보여주는 사건이다.

이후 이상재는 열일곱 살 때 입신출세를 위한 과거시험에 응시하지만 낙방한다. 뛰어난 실력을 지녔으면서도 당시 권력층의 농간 때문에 실패한 것이다. 그의 실력을 아는 사람들이 1867년에 그를 승지였던 박정양(朴定陽)에게 소개하였고, 이후 13년간 그의 집에서 생활한다. 이때 그는 풍부한 해학과 재치로 박정양의 신임을 얻었고, 그의 주선으로 관직에 오른다.

국익을 앞세운 나라 사랑

『효경』에 근거하여 말하자면, 신체보전은 효의 시작이고, 입신양명은 효의 최고 단계이다. 이상재는 박정양의 인정을 받아 그렇게도 그리던 관직에 나아감으로써 전통적인 효행의 결정판인 입신양명의 길에 들어선 것이다. 공직에 나선 이상재는 개화파 학자들과 일본 시찰을 함께한 뒤, 인천 우정국 주사로 근무한다. 그런데 뜻을 같이하던 개화파 인사들이 갑신정변에 참여했다가 실패하여 힘을 잃자, 자진하여 관직을 사퇴하고 낙향한다.

다시 공직에 오른 것은 박정양이 미국공사로 부임할 때, 그를 회계와 문서 관리 책임자로 임명했기 때문이다. 박정양의 신임을 얻은 이상재는 미국으로 건너가 국익을 위해 여러 가지 활동을 한다. 당시 조선은 청나라의 영향 아래 있는 속국이었다. 하지만 독립을 갈망하던 박정양과 이상재는 미국에서 자주적 외교활동을 펼친다. 이에 불만을 품은 청나라는 이들에게 소환령을 내렸고, 결국 박정양은 공사직에서 물러나고 이상재도 일등서기관직을 내놓고 귀국한다. 1888년 11월 18일의 일이다.

이렇듯 이상재는 개인적인 사욕보다는 국익을 먼저 생각했고, 자신을 이끌어준 은인에 대한 의리를 생각하며 처신했다. 국익과 의리를 앞세운 이상재가 국내에 돌아오자, 여러 관직을 맡아달라는 제안이 들어온다. 그리하여 1892년에 인천에 설립된 전환국에서 일하다가 1894년 이후로는 중앙관직에 올라 왕을 친견하는 자리에까지 이른다. 이후로 그는 학무국장을 지내고, 신교육령에 입각하여 설립된 외국어학교 교장이 된다. 하지만 그해에 부친이 세상을 떠나자 모든 공직을 내려놓고 낙향한다. 옛날식으로 말하자면 3년상을 치르기 위해서였다. 하지만 그의 능력과 실력을 인정한 정부의 간청으로 다시 중앙관직에 오르는데, 여전히 불안한 정국을 목도하며 국익을 위해 헌신적으로 봉사한다.

이상재에게 무엇보다 중요한 것은 조선의 독립이었기에, 이를 갈망하여 독립협회 활동에 참여한다. 1897년 8월 29일부터 매주 일요일 오후에 정기적으로 개최된 토론회에 참여하여 회원과 시민들을 계몽하며 애국운동에 진력한다. 고종 황제에게 "나라의 나라됨이 둘이 있으니, 가로되 자립하여 다른 나라에 의뢰하지 않는 것이요, 가로되 자수(自修)하여 일국(一國)에 정법(政法)을 행하는 것"[『大韓季年史 (上)』 173쪽]이라는 상소를 올린다. 그리고 재정권과 군사권을 빼앗긴 조선의 현실을 개탄하며, 사리사욕에 물든 탐관오리를 제거할 것을 요청한다. 이상재를 비롯한 독립협회 회원들의 강력한 요구는 하나둘 가시적인 성과를 거둔다. 하지만 위기의식을 느낀 사람들이 고종에게 모함하여 이들은 체포되어 구금된다. 이상재를 비롯한 독립협회 임원 17명이 체포되고, 급기야 독립협회는 해산되고 만다.

감옥에서 만난 사람들

이상재는 1887년 6월에 주미공사관에서 일등서기관으로 근무하면서 서구 학문과 종교를 접한다. 그리고 서구 사회의 진보한 문명이 기독교와 깊이 관련되어 있음을 알게 된다. "그는 미국이 강대국이 된 이유를 알아내기 위하여 성경을 읽기 시작했다. (하지만) 그는 미국이 육·해군의 군사력을 증강시킬 수밖에 없었던 이유를 발견한 뒤부터는 미국을 미워하기 시작했다. 그래서 한때는 기독교를 반대한 적도 있다."(전택부, 『월남 이상재』, 한국신학연구소, 1977년, 130쪽)라고 전한다.

하지만 구한말의 정치적 격동기에 체포되어 감옥에 갇혔을 때 인생의 전환점을 맞이한다. 감옥에서 우남 이승만을 만나 기독교 신앙을 갖게 된 것이다. 애당초 신앙을 갖고 있던 이승만을 감옥에서 만난 일은 이상재의 삶의 방향을 신앙적 생활로 바꿔놓는다. 감옥생활을 하면서 주위 동료들과 성경 공부를 시작했고, 어린 시절부터 익숙했던 동양 고전과 성경을 비교 토론하면서 이상재의 신앙은 조금씩 성숙해간다. 이상재가 감옥에서 읽은 도서목록(『新約全書』, 『基督實錄』, 『聖經問答』, 『聖經要道』, 『路得改敎紀略』 등등)을 보면 그가 얼마나 기독교 신앙에 적극적이었는지를 알 수 있다. 『신약전서』는 세 번씩이나 읽었다. 감옥에 갇혀 있는 동안, 미국에서 가졌던 반기독교적인 정서를 떨쳐버리고, 뜨거운 신앙 체험을 하게 된 것이다.

출옥 후에 이상재는 연동교회와 YMCA를 중심으로 열정적인 신앙에 기반을 둔 사회활동을 펼친다. 그는 여러 지역을 순회하며 청년들에게 "시대적 요구의 종교적 신앙을 순응케 하기 위하여"(『동아일보』, 1920년 4월 25일) 강연을 하고, 때로는 "청년의 수양은 기독의 말씀을 참되게 이해하고 믿고 실천하는 것이 제일"(『동아일보』, 1921년 6월. 22일자)임을 강조한다.

'뜨거운 감자' : 제사 문제

『동아일보』(1920년 9월 1일)에 「애매 무리한 기독교의 희생자, 남편이 예수교를 믿고 상식(上食)을 폐한 결과, 마누라가 대신 죽어」라는 제목의 기사가 게재된다. 경상북도 영주군에 사는 권성영이라는 사람이 예수를 믿은 뒤로 세상을 떠난 어머니의 영전에 조석상식(朝夕上食)을 폐하자, 생전에 시어머니를 극진히 모시던 부인 박씨가 이를 용납하지 못하고, 끝내 "남편의 불효한 죄과를 자신의 목숨으로 대속한다."라며 몸을 던졌다는 내용이었다. 이 기사를 읽고 이상재는 기독교 신앙과 제사의 관계를 성경의 시각에서 조망하면서 부모 공경 문제에 대해 정리하여, 「조선혼을 물실(勿失)하라」, 즉 '조선의 정신을 잃지 말라' 라는 내용의 글을 남긴다.

"어떤 종교든 부모를 저버리라고 하는 가르침은 있을 리가 없다. 부모를 저버리는 패륜 자식이 하나님을 믿은들 무엇을 똑바로 믿을 수 있겠는가. ……물론 자기 부모의 신주를 받들어 놓고 서기다가 길흉화복과 생명까지 맡기며 절하며 빈다는 것은 예수교 신자라면 누구나 다 반대할 일이지만, 나의 생각에는 오직 돌아가신 부모를 사모하며 그리워한다는 그 마음으로 하는 일이라 한다면 어떠한 형식으로 예식을 행하든지 다 반대할 수 없겠다 하겠으며, 원래 조선 사람이 돌아간 부모의 영혼을 위하고 삼 년 안에 조석상식과 혹은 평생을 두고 제사를 지내는 것은 오직 그 부모를 그리워하며 사모하는 효성에서 나온 것이니 예수교와는 아무 상관이 없을 뿐만 아니라, '네 부모를 공경하라' 하신 하나님의 가르침에 크게 적합되는 일일 것이다."(『동아일보』, 1920년 9월 1일)

이상재는 이렇듯 부모 공경에서 비롯된 제사와 우상숭배를 구별한다. 일부 논란의 여지는 있지만 기본적으로 그는 효성에서 나온 부모 제사를 기독교 정신과 어긋나지 않는다고 본 것이다. 다만 그가 경계한 것은 길흉화복을 마음에 두고 절하는 것이고, 돌아가신 부모를 그리워하며 추모하는 것은 기독교 정신에서 위배되지 않는다는 것이다. 동시에 그는 조선인들이 예수를 믿으면서 무조건 서양 사람을 따라하는 것을 적합하지 않다고 주장한다.

"조선 사람이 예수를 믿는데, 오직 그의 가르침과 또한 그의 높고 밝은 인격만 사모하고 우러러볼 뿐이지, 결코 '서양에서 이러하니까', '서양 사람이 하지 않는 일이니까' 하는 마음을 가지고 자기 나라의 고유한 습관과 도덕을 없애려 하는 것은 도저히 일조일석에 되지도 않을 일이요, 잘못 하다가는 도저히 서양 사람이 되기도 전에 먼저 예수를 욕되게 할 염려가 십중팔구라."

무조건 서구적인 것만을 추구하여 우리의 오랜 전통을 한꺼번에 없애려고 하는 것을 경계한 내용이다. 특히 서구적 관점에서 우상숭배라고 단정하면서 제사를 금지하는 문제에 대해 그는 유연한 태도를 취한다. 부모에 대한 효심과 우상숭배는 구별되어야 하며, 오히려 서구적 관점에서 이를 무조건 버린다면 예수를 욕되게 한다고까지 말한다.

이런 이상재의 주장에 대해 『동아일보』는 「조선의 제사는 일신사상에 위반되지 않는다」(전택부, 앞의 책)라는 사설을 통해 옹호하지만, 당시 기독교계는 물론 사회적으로 뜨거운 파장을 불러일으킨다. 기독교 도입 초기부터 제사 문제는 물론 살아계신 부모에게 일 년에 한 번 절하는 것조차 우상숭배라고 배척했던 조선 사회에서 이상재의 제사

옹호론은 획기적인 일이었다. 논란의 장을 제공했던 『동아일보』가 그해 9월 26일자로 정간조치 되면서 잠잠해지기는 했지만, 뿌리 깊은 유교 문화의 토대 위에 전래된 기독교 문화가 조선에 정착하는 데 제사 문제는 뜨거운 감자가 되었다. 그는 제사를 단순한 전통문화로 생각하고, 부모 공경의 한 양식으로 여겼지, 우상숭배라고는 생각하지 않았다. 이렇듯 이상재는 조선의 정신을 효심에서 찾았고, 그것의 한 방법인 제사를 우상숭배와 구별하려고 하였다.

이상의 내용을 정리하자면 이상재의 삶과 철학은 효심과 애국심이 기반이다. 유교적 가문에서 태어나 전통적 효행 실천으로 청년 시절을 보낸 그는 풍전등화와도 같은 민족과 국가의 재건을 위해서 나라 사랑운동에 헌신한다. 그리고 그로 인해 투옥된 뒤, 감옥 안에서 이승만을 만나면서 기독교인이 되고, 이후로는 효심과 신앙심에 기초한 애국운동을 전개한다. 그 과정 속에서 뿌리 깊은 제사문화(전통적 효심)와 기독교 신앙이 충돌하는 사건을 겪으면서 공개적으로 제사옹호론을 펼친다. 비록 사회적 논란의 대상이 되기는 했지만, 비슷한 문제로 갈등하는 당시 기독교인들에게는 하나의 위안이 되었다.

물론 여기에서 제사 문제가 신앙적 관점에서 뿐만 아니라 당시 사회적 관점에서 커다란 화두가 된 것은 사실이지만, 무엇보다 중요한 것은 망해가는 나라를 살리는 데 월남 이상재 선생의 한국적 효심과 애국심은 매우 중요한 역할을 했다는 점이다.

초대 대통령

이승만

조지 워싱턴, 마하트마 간디, 손문, 모택동, 호지명······. 각기 자기 나라의 건국을 이끈 지도자들이다. 그리고 이들 나라의 건국일은 성대한 국가적 축제로 기념한다. 그런데 우리는 어떠한가. 건국 지도자는 물론 건국일이라는 말조차 생소하다. 1948년 8월 15일이 건국일이라는 사실을 아는 사람도 드물다. 건국 지도자가 이승만 대통령이라는 것은 애써 외면한다. 남의 나라 건국 기념일과 건국 지도자에는 익숙하면서도 자기 나라의 건국일과 지도자를 외면한다면 비극이 아닐까. 혹 이념적 편견에 근거해서 국가 탄생일을 무시하고 국가 지도자를 저버린다면 이보다 더 큰 불행도 없다.

빛과 어둠은 동전의 양면처럼 늘 따라다닌다. 빛이 강하면 어두운 그림자 또한 강하다. 그림자만 바라보며 어둡다고 단정한다면 심각한

문제가 아닐 수 없다. 미국의 초대 대통령인 조지 워싱턴은 전 국민의 절반 이상이 반대하는 독립전쟁을 치르면서도, 미국이라는 나라가 탄생할 수 있는 기초를 닦은 건국 영웅이 되었다. 중국의 모택동은 잘못된 정책으로 수천만 명을 아사시키고, 역사를 수십 년 후퇴시킨 씻지 못할 과오를 범했다. 하지만 둘 다 건국의 아버지로 칭송되고 있다.

건국 지도자의 시대정신

우리의 상황은 전혀 이를 허락지 않는다. 이념적 편견과 당파성에 매몰되어 건국이라는 역사적 사실조차 폄훼하고, 건국 지도자는 어두운 부분만 지적한다. 얼마나 애석한 일인가. 이제 우리는 종교와 이념과 시대의 벽을 넘어 통교(通敎)·통념(通念)·통시(通時)의 삼통정신으로 소통하며, 건국을 이룬 초대 대통령의 바른 모습을 회복할 때이다. 무너져가는 국권 회복을 위해 애쓴 건국 지도자의 시대정신을 있는 그대로 읽어가며 선각자로서의 참모습을 찾아야 한다. 이는 하모니 공동체를 향한 우리의 절실한 과제이기도 하다.

가난한 집안의 효자

우남 이승만(1875~1965년), 그는 황해도 평산군에서 전주이씨 가문의 5대 독자로 태어난다. 위로 형이 두 명 있었지만 천연두로 모두 일찍 세상을 뜨면서, 이씨 집안의 독자이자 종손이 된다. 그는 어려서부터 가난하고 불우한 환경에서 성장한다. 부친인 이경선은 가문을 다시 일으켜보겠다며 풍수지리에 빠져 조상들 묘의 이장(移葬)을 일삼다가 가산을 탕진한다. 불교 신자였던 모친인 김해김씨는 어려운 환경 속에서도 한문에 조예가 깊어, 어린 시절 우남에게 한학을 가르친다.

기울 대로 기운 가문을 일으켜 세워보려고 우남의 부모는 서울로 이사를 한다. 교육 환경을 고려한 맹모(孟母)와도 같은 결단이었다. 자신을 향한 부모의 정성에 보답하려는 우남은 과거 공부에 매진한다. 효의 방법으로 입신출세를 선택한 것이다. 그 후로 우남은 여러 차례 과거에 응시하지만 그때마다 낙방의 고배를 마신다.

그런데 우남의 이러한 좌절은 좌절로 끝나지 않는다. 오히려 인생의 새로운 전환점을 마련한다. 구학문에 미련을 버리고 신학문으로 돌아선 것이다. 이때 우남이 신학문에 입문한 동기도 자수성가하여 부모님에게 보답하기 위해서였다. 그것이 곧 자식으로서의 도리라 생각한다. "지식이 발달한 나라 사람들은 자신의 자유 권리를 위하여 목숨을 겨루며, 어린아이라 할지라도 제 몸 다스리기를 먼저 힘쓰게 하여 남에게 의지하는 것을 대단히 부끄럽게 여긴다. 제 부모에게 의지하지 않는 것을 옳게 여기며, 아무리 귀하고 높은 사람이라도 놀고 먹는 자가 없다. 저마다 공부를 힘써 하면서 벌이를 부지런히 하여, 일평생 잘살고 못사는 것은 제게 달렸다."(리승만, 『독립정신』)라고 하며, 서구적 신학문의 목표가 자수성가에 있음을 소개한다. 동시에 그는 "명산대천이 도처에 경개절승하여 유람하는 외국인이 구경하고 동양의 스위스라 한다. 풍속은 순후하되 예의염치 숭상하며 효제충신 중히 여기고 영리민첩한 재주도 가졌나니, 교육만 잘 시키면 족히 동양에서 부강을 이루기 어렵지 않을지라."(『독립정신』)라고 하며, 우리의 아름다운 자연환경과 효제충신의 문화 전통을 자랑스럽게 여긴다. 그러한 국민에게 교육만 잘 시키면 부강한 나라가 될 수 있다고 확신한다.

한국인에게 교육은 예나 지금이나 입신출세의 가장 좋은 방법이다. 신학문이든 구학문이든 이 목적은 다르지 않다. 한국의 초대 선교사인 아펜젤러가 본국 선교부에 보낸 편지에서, "한국인들이 영어를 배우려는 열기는 언제나 대단합니다. 새로운 언어에 대한 약간의 지식만 있어도 높은 자리에 올라가는 디딤돌이 되는 것은 이전이나 지금이나 마찬가지입니다. '왜 영어를 공부하려고 합니까?' 물으면 한결같이 '벼슬을 얻기 위해' 라고 답합니다."(이만열, 『한국 기독교문화 운동사』)라고 한 데에서도 알 수 있다. 입신출세를 효의 가장 중요한 덕목으로 여기는 한국인들에게 신교육기관인 배재학당에 입학하는 동기도 예외일 수는 없었다. 배재학당에 문을 두드린 우남의 생각도 마찬가지였다. 과거에 실패하여 실의에 빠진 우남이 다시금 활력을 찾을 수 있었던 것도 신학문을 통한 출세를 생각했기 때문이다. 그런 점에서 1895년 봄에 우남이 배재학당에 입학한 것은 그의 생애 중 가장 획기적인 일 가운데 하나라고 할 수 있다. 여기에서 주목할 것은 배재학당의 교훈이 "欲爲大者, 當爲人役[크게 되려고 하는 자는 마땅히 남을 위해 힘써야 한다]."이었다는 점이다. 이는 "너희 중에 누구든지 크고자 하는 자는 너희를 섬기는 자가 되고, 너희 중에 누구든지 으뜸이 되고자 하는 자는 너희의 종이 되어야 한다."(마20:26~27)라는 신약성경에 근거한다. 유교적 '수기치인(修己治人)', 곧 '자신을 닦아서 남을 다스린다.'라는 입신출세의 효행 목표와 기독교적 '섬김과 봉사'가 어우러지면서 우남의 가치관이 된 것이다.

효심과 나라 사랑

우남에게 배재학당은 효심과 애국심을 일깨워주는 결정적인 장이 된다. 무너진 가문을 세우기 위해 입신출세의 꿈을 안고 배재학당 문을 두드린 것이 '효심'의 발로라면, 구한말의 풍전등화와도 같은 조국을 살리기 위해 협성회 활동을 한 곳도 배재학당이니, '애국심'도 여기에서 싹튼 셈이다.

협성회는 1896년에 서재필의 지도하에 창설된 학생회 자치조직으로, 충군애국심(忠君愛國心)을 기르고 무지한 동포를 계몽하려는 취지에서 설립된 단체이다. 우남은 협성회 활동에 열정적으로 참여하면서 무지몽매한 당시 사회를 계몽하는 데 헌신한다. '여성의 지위 향상'·'노비의 속량'·'풍수지리설의 반대' 등 민간에 필요한 활동으로부터 '상하 양원 설립 요청'·'(외국의) 석탄기지 조차 반대'·'(외국의) 재정 군사 간섭 반대' 등 정치·경제·외교에 대한 모든 사항들을 망라한 거국적 운동이었다.

우남은 "슬프다! 나라가 없으면 집이 어디 있으며, 집이 없으면 나의 일신과 부모처자와 형제자매며 자손이 다 어디서 살며 어디로 가리오!"(『독립정신』)라고 하면서, 무엇보다 나라가 최우선임을 선포한다.

이를 위해 우남은 국민 계몽운동 차원에서 창간한 『협성회보』의 논설에서, "우리 배운 대로 유익한 말이 있으면 전국 동포들에게 같이 알게 하고, 또한 우리의 작은 정성으로 전국 동포를 권면하여 서로 친목하고, 한마음으로 나라를 위하고 집안을 보호하자."라며 전 국민 하모니 공동체의 핵심에 '나라 사랑'과 '가족 사랑'이 있음을 천명한다.

『이승만 없었다면 대한민국 없다』라는 책을 펴낸 로버트 올리버 (Robert T. Oliver) 박사는 "역사의 진실은 오늘을 가르치는 철학이다."라고 하며, 건국 대통령 이승만에 대한 세간의 편견과 선입견에 따른 평가를 아쉬워한다. "같음을 추구하고 다름을 보류하자[求同存異]"라는 정신적 여유와 "화합하되 꼭 같지 않아도 된다[和而不同]."라는 하모니 정신을 갖는다면, 우남의 건국 정신의 기초가 된 효심과 애국심이야말로 우리가 함께 추구해야 할 시대정신이 아닐까 생각한다.

빛나는 구국운동의 횃불

이준

국난의 시대에 나라를 위해 희생한 분들이 많지만, 유독 이준 열사의 죽음을 두고서는 '자살'이냐 '분사(憤死)'냐 하며 논란이 많다. 일본 제국주의 세력과 그에 결탁한 일부에서는 순국이 아니라 화병·종기·등창에 의해 사망했다고 말하기도 한다. 이준 열사의 숭고한 희생정신을 망각한 발언들이다. 이에 대해 정부에서는 1962년 당시 문교부 회의실에서 전문가들이 참여한 가운데, 그의 희생을 '순국'·'순사'로 일단락 짓는다.

어린 시절의 할아버지 공경

이준(1858~1907년), 그는 물장수로 유명한 함경남도 북청군에서 아버지 이병권과 어머니 청주이씨 사이에서 태어난다. 하지만 세 살 때

부모를 모두 잃는 슬픔을 당한다. 천애의 고아가 된 이준을 길러준 사람은 할아버지였다. 이준은 할아버지에게서 한학을 배우면서 전통적 효와 예절을 체득한다. 할아버지는 공부만이 장래를 기약할 수 있고 일찍 돌아가신 부모에 대한 보답이라고 훈계하며 이준을 독려한다. 굳은 신념과 의지를 가졌던 이준은 할아버지 말씀에 순복하며 비교적 넉넉한 유년생활을 이어간다. 이준의 가문은 이성계의 형이었던 완풍대군의 18대 후손이고, 그 영향으로 동네는 일찍부터 향교와 서원이 들어선 유교적 기풍이 강한 곳이었다.

　여덟 살 되던 1865년에는 서당을 다니며 전통 학문을 접한다. 그리고 열두 살 때 향시에 합격하지만, 아직 어리다는 이유로 등제는 시켜주지 않았다. 시험에 붙고 급제하지 못하는 이상한 일이 벌어진 것이다. 그래도 할아버지의 소원을 합격으로 풀어드렸고, 훗날 순릉참봉의 벼슬을 지냈으니, 전통적 입신양명의 효를 실천한 셈이다.

　1875년 열일곱 살 되던 해에, 이준은 서울로 올라와 무작정 흥선대원군을 찾아간다. 당시는 이미 일본과 열강의 간섭이 시작될 무렵이었다. 대원군을 만난 이준은 당돌하게 '척왜척양(斥倭斥洋)'을 강하게 주장한다. 대원군이 주장하던 대외정책에 동조한 것이다. 그 후 그는 이조참판과 형조판서·예조판서를 지낸 김병시를 찾아가 역시 같은 말을 하며 울분을 토로한다. 이준의 우국충정을 충분히 이해한 김병시는 그를 자신의 개인 사무를 처리하는 비서로 채용한다. 하지만 정국이 강압에 의해 개항할 것 같은 분위기로 치닫자, 위정척사파의 한 사람인 최익현을 찾아가서 일본과의 수교는 나라를 팔아먹는 것과 같으니 도의(道義)로써 물리친 후 부국강병에 힘을 쏟아야 한다고 역설한다.

새로운 문명인들과의 만남

뜻을 이루지 못한 이준은 1884년에 잠시 낙향해서 경학원을 세우고 전통적 교육활동을 한다. 그러다가 5년 뒤인 1889년에 다시 서울로 올라와 새로운 세계를 접한다. 서구 문명에 눈을 뜨면서 이전의 보수적 성향에서 진취적인 세계관을 갖게 된 것이다. 이때 만난 이들이 이회영·이시영 형제와 훗날 헤이그 특사로 같이 가게 되는 이상설 등이다.

지방에서 순릉참봉의 관직에 있던 이준은 1895년에 서울에서 법관양성소를 개설한다는 소식을 듣고, 더 큰 뜻을 실현하기 위해 상경한다. 그 과정을 이수한 이준은 우리나라 최초의 근대적 재판소인 한성재판소 검사시보에 임명된다. 하지만 소용돌이치는 정국은 한 곳에서 관직 생활을 하도록 내버려두지 않았다. 덕분에 어울리는 사람들의 부류도 다양해졌다. 이준은 개화파의 주도 세력이던 박영효·서광범과 교류하면서 일본 망명길에 오른다. 한성재판소 검사시보가 된 지 1개월 만의 일이다.

39세의 나이에 타국인 일본에서의 망명생활은 쉽지 않았지만, 동경전문학교에서 법학을 체계적으로 공부하는 기회를 갖는다. 동시에 일본인들에게 글씨를 써주고 그 사례금으로 생활비와 학비를 충당한다. 국내 사정이 여전히 암울한 가운데, 이준은 일본 유학을 중도에 포기하고 귀국길에 오른다. 그를 돌봐준 김병시가 세상을 떠났다는 비보를 듣고 모른 척할 수 없었기 때문이다. 귀국하여 김병시의 영전에 마지막 인사를 올린 뒤 독립협회를 찾는다. 당시 독립협회는 윤치호가 회장을 맡고 있었으며, 이상재·남궁억·이승만 등이 주도하고 있었다.

1904년에 이준은 러일전쟁 중 정부의 방침과 다른 노선을 걷다가 체포되어 한성감옥에 투옥된다. 한성감옥에는 이미 이상재·이승만 등 뜻을 같이하던 동지들이 투옥되어 있었다. 이준은 이들과 옥중에서 교류하며 기독교 신앙을 접하게 된다. 아펜젤러를 비롯한 선교사들의 옥중 전도도 이준을 기독교인으로 만드는 데 일조하였고, 특히 상동교회의 전덕기 목사와의 인연은 훗날 그를 기독교인이 되게 한다.

출옥 후 이준은 연동교회에서 개최하는 국민교육회에 적극 가담하면서, 국민 계몽운동을 펼친다. 국민교육회에서 활동하던 이준은 다시 헌정연구회를 만들어 "한국이 일본의 보호국이 되어야 한다."라고 주장하던 일진회에 맞서 대항한다. 헌정연구회는 반일진회를 표방하고 본격적인 민족운동에 나선다. 하지만 을사늑약이 체결되면서 정국은 점차 일제 치하로 편입되어 갔고, 헌정연구회는 뜻을 이루지 못한 채 해산되고 만다.

하지만 이준은 을사늑약의 부당함을 알리기 위해 중국의 상해로 건너가 활동 폭을 넓힌다. 미국·프랑스 등 서구 열강들에게 일본의 불법적 침략 야욕을 알려 도움을 청하기 위해서였다. 조정에서도 고종 황제를 중심으로 일제에 항거하지만, 이미 친일파에 의해 장악된 조정은 스스로 판단할 권한을 거의 상실한 상태였다. 결국 일제는 을사늑약을 통해 조선의 외교권을 박탈하였고, 조선은 주권을 상실하게 된다. 『황성신문』 사장 장지연이 「시일야방성대곡」을 발표한 것도, 민영환을 비롯한 수많은 우국지사들이 자결을 선택한 것도 이때 일이다.

이준은 조약 폐기를 주장하는 상소문과 「을사오적격토문」을 직접 작성한 뒤 서명을 받아 조정에 보내고 시위운동을 주도한다. 무장한 일본 헌병대가 시위대를 포위하고 탄압하자, 이준은 "우리가 살아남을 수 있는 길은 주권을 죽음으로 지키는 일뿐이다."라고 절규하며 시민들과 함께 끝까지 항전한다.

그리고 조선의 독립을 쟁취하기 위한 구체적인 실행 계획을 하나하나 실현해 나간다. 그 대표적인 활동 가운데 하나가 제2차 만국평화회의에 특사 파견이다. 고종 황제도 특단의 대책을 갖고 어떻게 해서든 국제적인·도움을 요청하려던 차에, 상동청년회 출신 지식인들이 이에 적극적으로 나선 것이다. 상동교회 지하에 모인 전덕기 목사를 비롯한 이준·이회영·이동휘·이갑·안창호·이승훈·김구 등은 만국평화회의에 고종 황제의 특사를 파견하기로 결정한다. 을사늑약은 일본의 강압으로 체결되었고, 결코 한국의 황제가 원하는 바가 아니라는 것을 세계만방에 알려 조약을 무효화시키기 위한 특사 파견이었다. 그리고 이준·이상설·이위종을 대표로 선정한다.

고종 황제도 역시 국제 사회의 도움이 필요함을 알고 있었기 때문에 이들의 만국회의 파견에 기꺼이 동의한다. 이준이 고종 황제의 신임장을 받고 고종의 특사 자격으로 국제회의에 참석하게 된 것이다.

물론 일본의 집요한 방해공작을 감안하여 비밀리에 추진되었다. 주된 목적은 을사늑약의 무효화와 폐기, 그리고 일본의 침략상을 낱낱이 고발하며 조선의 국권 회복을 국제 사회에 호소하는 일이었다. 이 거사를 위해 장도에 오르기 전에 이준은 비장한 심경을 청년들에게 밝힌다.

"……저 일본은 우리 한국의 약한 틈을 타서 약육강식의 수단으로 침략하여온 지 오램은 우리나라의 삼척동자까지라도 다 아는 사실이 아닌가. 우리는 하늘이 품부한 우리의 생존경쟁의 권리를 확충하여 일본의 침략의 마수를 하루바삐 쫓고, 우리나라를 본연의 상태로 돌려 무궁부강의 기초를 하루바삐 닦아 경쟁이 극렬한 열강으로 더불어 호형호제하는 지경에 도달되기를 바라는 바이다."(『고종황제의 마지막 특사 이준의 구국운동』, 역사공간, 2007년)

이러한 그의 결의에 찬 생각은 당시 국제 사회에 영향력이 지대하던 러시아로부터는 호의적인 반응을 얻었지만, 이전에 이미 체결된 포츠머스조약에서 을사늑약이 승인되었기 때문에 정작 헤이그 만국평화회의에서는 호응을 얻지 못한다. 조선이 국제 사회에서 찬밥 신세로 전락한 것이다. 비록 언론의 주목을 받기는 했지만, 조선 특사의 요구는 모두 거절되는 좌절을 맞이한 것이다.

망연자실한 이준을 비롯한 특사 일행은 포기하지 않고 끝까지 외교활동을 펼친다. 이들의 행동이 구체화되자 일본의 방해공작도 더욱 집요해졌고, 결국 특사 일행은 본회의에는 참석도 못하고 만다. 다만 국제 여론을 통하여 한국 문제를 국제정치 문제로 부각시키는 데는 어느 정도 성과를 거둔다. 세계 각지의 유명 언론들이 한국 문제에 관심을 보이며 이준과 그 일행을 취재한 것이다. 하지만 약육강식의 논리가 지배하는 제국주의 사회에서 이준의 호소는 분명한 한계를 지니고 있었다.

이준은 이에 울분을 토로하다가 몸에 이상을 느꼈고, 결국 이역만리 타향에서 하늘의 부름을 받는다. 그의 죽음을 두고서 한편에서는 특사 자격으로 만국회의에 참가해서 소기의 목적을 이행하지 못하자, 그 죄책감 때문에 할복하여 자살했다고도 전한다. 현지 신문들은 스트레스로 인해 병사했다고 보도하기도 했다.

앞서 말한 것처럼, 정부는 1962년에 이준 열사의 죽음을 할복자살이 아닌 순국으로 결론짓고, 더 이상 논란을 벌이지 않도록 했다. 그리고는 그의 행적을 기리며 대한민국 건국공로훈장을 추서하고, 헤이그에 있던 유해도 순국한 지 55년 만에 봉환하여, 현재는 서울 수유리의 선열 묘역에 안장되어 있다. 이준 열사에 대한 추모는 남한뿐만이 아니라 북한에서도 이뤄지고 있다. 남·북한 모두에서 존경받는 인물이 많지 않은 현실에서 매우 특이한 일이다.

구한말 약소민족의 역사적 교훈

우리는 구한말 헤이그 밀사의 수모와 고초를 통해서 조선의 한계를 보았다. 약한 민족은 냉혹한 국제 사회에서 문전박대 당한다는 사실을 뼈에 사무치도록 체험한 것이다. 비록 나라와 민족을 사랑하는 정신이 아무리 강렬해도 국가적 역량이 뒷받침되지 못한다면, 그 한계가 분명하다는 사실을 깨달은 것이다.

오늘의 대한민국은 G20의 회원국이 되었을 정도로 국가적 영향력은 말할 수 없이 강대해졌다. 하지만 국민 개개인의 애국애족 정신은 나날이 희박해지고 있는 안타까운 현실이다. 다시금 이준 열사의 나라 사랑 정신을 되새겨 보면서 21세기 무한경쟁의 냉혹한 국제 현실을 어떻게 극복할 것인가를 고민할 때이다. 끝으로 이준 열사를 기리는 고은 시인의 시를 새겨본다.

이준!
이 이름 두 글자는 멀리 동으로 동으로
날개쳐 가노라면 거기 온갖 고난을 이겨내는
조국이 있는 한 결코 지워질 수 없어라.

이준!
이 이름 두 자 위에는 반드시 열사라는
또 하나의 뜨거운 이름이 더하여 받들어지는 동안
조국과 여러 나라에 살고 있는 동포들의
가슴속에 꺼지지 않는 불꽃으로 타오르리라.

이준!

이 거룩한 이름이야말로 1907년

이곳 헤-그 만국평화회의 참석을 위한 일행

이상설 이위종 선생과 더불어 조국의 영광을

온 세상에 떨친 나머지 순국한 영령으로

여기 언제까지 울긋불긋 꽃으로 만만하리라.

이 시는 1996년 6월 17일에 고은 시인이 헤이그에 있는 이준기념관을 방문했을 때 쓴 추모시이다.

옥탑방 의사
장기려

　‘바보 의사’, ‘옥탑방 의사’, ‘아름다운 의사’, 이 모두가 장기려 박사를 두고 한 말들이다. 자신보다 주변을 더 많이 생각하며 한평생을 이타적으로 산 그에 대한 별칭이다. 그의 자취는 지금도 부산 앞바다가 내려다보이는 고신의료원(지금의 복음병원) 옥상에 있는 자그마한 옥탑방에서 찾을 수 있다.

　겨울이면 북서쪽에서 칼바람이 불어오고, 여름이면 뙤약볕이 습한 공기를 머금어 저절로 비지땀이 흐르는 곳, 바로 그 옥탑방에서 장기려 박사는 20년 동안 생활한다. 병원에서 전화교환기를 설치하려고 옥상에 만들어 놓았던 공간이다. 평생 의사로 생활하면서도 집 한 채 마련하지 못한 그에게 특별히 병원측에서 제공한 곳이다.

학문을 통한 효 실천

장기려(1911~1995년), 그는 일본이 우리의 주권을 강탈한 한일합방이 있은 이듬해에 평안북도 용천에서 태어난다. 유복한 집안에서 태어났지만 어려서부터 잔병치레를 많이 한다. 할머니는 연약한 그의 건강을 늘 염려하면서도 국가와 사회를 위한 동량이 되기를 기도한다.

부친은 조선 시대 전통 교육의 산실이었던 향교의 책임자로 있다가 소학교 교장이 된다. 그는 어린 장기려에게 배움의 중요성을 역설한다. 전통 학문뿐만 아니라 현대 학문도 배워야 우리나라가 독립할 수 있다며, 평소에 청년들을 독려하였고, 아들에게도 마찬가지로 교훈하였다.

부친의 뜻을 따라 장기려는 학문에 매진한다. 식민지 백성으로서의 탄식을 종식할 유일한 방도가 신식 교육에 있음을 깨달은 것이다. 하지만 집안은 점차 기울어만 갔고, 학문의 길을 가기도 쉽지 않게 된다.

교육 사업을 하면서 독립군에게 자금을 지원하다가 그만 어려운 일에 부딪친 것이다. 부친은 낙망과 좌절로 실의에 빠진다. 용천을 떠나 개성으로 간 장기려도 역시 뭔가를 도모해보려고 하지만 답답한 삶에 지쳐만 간다. 송도고등보통학교를 다니면서 한눈을 팔기도 한다. 하지만 자신을 돌봐준 할머니와 부모님의 얼굴을 떠올리며 정신을 차린다. 잠시 방탕했던 자신을 불효자라고 질책하며, 하늘을 우러러 용서를 구하고 마음을 다진다. 그리고 그간 방치해두었던 공부의 길로 다시 들어선다. 정신을 다잡은 그는 결국 경성의전에 합격해서 의사의 길을 걷는다. 졸업할 때에는 전교 1등의 영예를 차지한다.

역경 속에서의 나라 사랑

일제 식민통치와 6.25전쟁이라는 소용돌이 시대를 살면서 그는 손 한 번 써보지도 못하고 죽어가는 수많은 사람들을 목격한다. 전쟁과 굶주림 속에서 질병에 노출되어 사라지는 생명을 보면서 의사가 되겠다는 꿈을 갖게 된다. 이 땅의 백성들을 위해 의사가 되겠다는 결심으로 나라 사랑 정신은 구체화된다.

의학 공부를 하면서 나라의 소중함에 대한 생각을 떠올린다. 대부분이 일본 학생이었던 경성의전에서 한국 학생들은 기가 죽어 지내는 식민지 학생의 설움을 겪지만, 장기려는 누구보다 뛰어난 실력으로 이를 극복해간다.

그나마 다행인 것은 YMCA가 있어, 거기에 가면 한국 학생들끼리 대화도 나누고 민족의 앞날에 대한 고민도 함께 나눌 수 있었다는 점이다. 또한 강연을 들으면서 잘못된 생각을 씻어내고, 새로운 세계를 접하기도 한다. 특히 조병옥 박사와 빌링스 목사의 강연은 그들에게 큰 감동을 준다.

그러는 가운데 장기려는 나라 탓이나 주변 탓을 하기 전에 먼저 자신이 맡은 일을 열심히 한다면 조선의 독립은 앞당길 수 있다고 확신한다. 공부를 열심히 한 동기도 나라 사랑에 대한 열정이 생기면서부터다. 얼마나 열심이었던지 일본 학생들이 시샘을 할 정도였다.

열심히 공부하는 장기려에게 관심을 갖는 사람들이 늘어나면서 그를 결혼상대로 삼으려는 사람도 나타난다. 훗날 이산가족이 되어 50년간 떨어져 살면서도 서로를 신뢰하여 재혼도 하지 않았던, 평생의 배필을 만난 것도 이 시절이다. 평양의 서문여고에서 피아노를 공부한 여성과의 만남이 이루어진 것이다. 마음씨 곱던 그녀와의 만남은 장기려의 삶을 더욱 행복하게 만든다.

백인제와의 만남과 스승 공경

당시 우리나라의 가장 유명한 의사를 말하라면 백인제를 꼽았다. 1937년에 세계에서 처음으로 장 폐색증 치료법을 개발한 백인제는 우리나라는 물론 일본과 만주에까지 그 명성이 자자했다. 의술뿐만 아니라, 그는 의과대학에 다니던 시절에 3.1운동에 참가해서 옥살이를 하고 학교에서 쫓겨난 애국자였다.(※백인제는 유엔군의 인천상륙작전으로 북한군이 후퇴할 때 강제 납북된다.)

이런 백인제가 장기려를 좋아한 것은 그의 실력 때문만이 아니라 나라에 대한 생각과 뜻이 자신과 같아서였다. 마음 든든한 최고의 스승과 제자의 만남이었다. 백인제의 권유로 일본 유학을 통해 의학박사 학위를 취득한 장기려는 스승인 백인제에게 평양으로 돌아가 가난한 사람을 돌보는 의사가 되겠다는 포부를 밝힌다. 서울대학 교수 자리를 마련해두고 기다리던 백인제는 그의 결심에 깜짝 놀라며 만류한다. 하지만 장기려는 자신의 결심이 하나님과의 약속이라며 굽히지 않는다.

그리고는 평양으로 돌아와 인술을 펼친다. 가난한 사람에게는 무료로 시술도 해주고, 때로는 자신의 월급을 털어 치료비를 대신 내어주는 일도 하고, 진료가 없는 날에는 외딴 마을로 왕진을 나가 의료

봉사를 하기도 한다.

6.25라는 민족적 비극과 가족 사랑

1950년에 6.25전쟁이 터지자 장기려의 가족은 이산의 아픔을 겪는다. 중공군의 개입으로 다시 피난 행렬이 이어지던 시절이다. 당시 장기려는 구급차를 이용해서 국군 부상병을 후송하고 있었는데, 마침 둘째아들 가용이가 옆에 있었다. 하지만 다른 가족들은 도보로 수많은 인파에 뒤섞여 피난 행렬에 나선다. 대동강을 건너려고 하는 차에 도보로 피난을 가고 있는 가족들을 잠시 차창 밖으로 확인하지만, 그것이 기나긴 이별의 마지막 순간이 되리라고는 그는 예상하지 못한다.

피난지인 부산에서 우연히 고향사람을 만나서 가족들의 소식을 들었는데, 앞질러온 중공군 때문에 대동강을 건너지 못하고 집으로 돌아갔다는 것이었다. 이 소리를 듣는 순간 장기려는 가족을 구급차에 태우지 못했던 자신을 탓하며 눈물을 쏟는다.

그리고 50년이 지난 2008년에, 평양에서 극적으로 모자 상봉이 이루어진다. 이미 장기려 박사는 고인이 되었지만, 평양에 생존해 있던 그의 아내 김봉숙(89)과 아들 가용은 눈물어린 만남을 갖게 된다. 9순을 눈앞에 둔 어머니는 아버지의 뒤를 이어 의사가 된 아들의 얼굴을 어루만지며 회한의 눈물을 흘린다. 50년의 세월을 잘라내고 14살 개구쟁이 소년을 더듬는 손짓이었다. 당시 신문에 난 기사 내용이다.

"저를 기억하시겠어요?"(아들)

"이게 꿈이에요? 생시에요?"(어머니)

"'야 이놈아 왜 인제 왔냐!' 라고 때리지는 못할망정 왜 존대를 쓰시나요?"(아들)

50년이란 세월은 모자간의 만남도 잠시 남처럼 보이게 했나 보다. 하지만 뜨거운 혈육의 정은 끝내 오열로 바뀐다.

오매불망 아내 사랑, 가족 사랑

아들 가용은 어머니의 깊은 눈 속에서 1995년에 타계한 아버지의 모습을 찾아낸다. 북에 두고 온 어머니와 "영원한 사랑을 위해 재혼을 하지 않고, 창밖에 부스럭거리는 소리만 나도 당신인가 하여 창문을 열어본다."라고 편지에 썼던 아버지였다. 옥탑방에 살면서 북에 두고 온 가족이 그리울 때면 손수 풍금을 치며 찬송가를 부르던 분이었다. "아버님이 그토록 그리워하셨는데, 50년 한을 이제 풀었으니 하늘에서라도 기뻐하실 겁니다." 아들 가용이 어머니에게 한 위로의 말이지만, 만시지탄의 한이 어찌 없었겠는가.

외롭게 홀로 사는 장기려에게 여러 사람들이 재혼을 권유했지만, "결혼은 오직 한 번 하는 것"이라는 신념에 따라 40년이 넘는 세월을 홀로 살아온 그였다. 언제 재회할지 모르는 현실에서 너무나도 지고 지순한 이 결혼관은 이혼이 난무하는 오늘의 세태에서 두고두고 새겨야 할 교훈이 아닐까.

장기려는 남북대화가 있을 때마다 북에 두고 온 사랑하는 아내와 가족을 생각하며 밤을 지새운다. 강산이 네 번이나 변했다면 잊을 법도 하고 식을 법도 하건만, 가족에 대한 사랑은 그런 게 아닌가 보다. 가족 사랑의 신성함과 소중함, 그리고 그 뜨거움의 영속성을 우리는 그에게서 보게 된다.

아내의 사부곡(思夫曲)

막상 북한에 있는 가족과 연락이 닿아 아내의 편지를 받았을 때, 장기려는 "잘 있다."라는 짤막한 답장만 보낸다. 따뜻했던 평소의 마음과는 전혀 다른 무뚝뚝한 모습이었다. 이런 그를 두고 아들 가용은 "말보다 행동이 앞서는 한 가장의 삶을 사셨다." 당신이 "여기서 잘하면 북에서 누군가가 우리 가족을 도울 것이라는 막연한 생각과 기도로 일관하셨다."라고 전한다.

다음은 북한에 있던 장기려 박사의 부인이 보낸 "나는 안타까울 때마다 아래의 노래를 부르고 또 부릅니다."라고 편지에 쓴 내용 중 일부다.

> "사랑하는 나의 친구 언제나 도라오려나
> 썩은 나뭇가지에서 꽃이 필 때에 오려나
> 일구원심 나의 맘에 그대 마음 간절하다
> 사랑하는 나의 친구 언제나 도라오려나."

노래의 뒤에 덧붙인 다음과 같은 말에서도 부인의 절절한 사부곡은 이어진다.

"암만 말하여도 안타깝기만 하여 이만하고 당신과 가용이네 가족이 건강하여 만나게 될 그때를 기다리고 또 기다리겠으며, 부디 옥체 건강하시기를 바라고 또 바라옵니다. 평양에서 김봉숙."

사랑하는 남편을 기다리는 아내의 애절한 심정이 엿보인다. 밤마다 애태우며 기다리건만 감감무소식인 무정한 남편을 생각하며 얼마나 설움을 달랬을까. 그래도 언젠가는 만날 수 있을 것이라는 기대와 희망을 가지고 건강을 기원하는 마음에서 뜨거운 부부애와 가족애를 느낀다.

북한의 가족과 연락이 닿자 주변에서는 장기려에게 북한에 가서 사는 게 어떻겠느냐며 진담 반 농담 반의 질문을 하게 되는데, 그때마다 장기려는 "거긴 자유가 없고, 신앙의 자유도 없다. 하나님을 경배드릴 수 없고, 허락을 받아야 하니까 거기 가서 못 산다."라고 했다. 그 무엇보다도 신앙이 우선임을 알 수 있다. 그래도 사랑하는 아내와 가족이 마음에 걸렸던지, "그래 내가 가서 전도하다 죽지 뭐."라고 말했다고 한다. 여기서 우리는 포기할 수 없는 종교적 신앙심과 가족 사랑의 모습을 본다.

1968년 5월 13일에 그는 청십자의료보험조합을 설립하고, "건강할 때 이웃을 돕고 병이 났을 때 도움 받자."라는 표어를 내건다. 그리고 청십자운동의 정신으로 진실·사랑·협동을 주창한다. 기독교적 사랑 실천운동이었다. 이 운동은 의료보험제를 강력히 추진했는데, 막상 전 국민을 대상으로 한 의료보험 실시가 법으로 제정되자 자진 해산한다. 네 명의 동지들과 시작한 이 운동은 22만 명의 조합원으로 성장한다. 하지만 목적이 달성되자 미련 없이 해산한 것이다.

이러한 장기려의 84년간의 생애를 움직여왔던 중심은 청빈과 근면이었다. 그는 몇 벌 안 되는 옷이 들어 있는 조그만 옷장에서 옷을 꺼내 입으면서 "예수님은 두 벌 옷도 가지지 말라고 가르치셨는데, 나는 옷이 몇 벌이나 된다."라고 했다 한다.

"우리 아버지하고 얘기를 하다보면 말이죠, ……제가 결혼할 때 물건을 사야 하니까 얘기를 주고받았었는데, 제가 한 마디 하면 아버지가 받아서 하시고, 또 제가 한 마디 하면 아버지가 받아서 하시고, ……그러다 세 번째 말은 꼭 하나님 얘기에요. 그러니까 하나님밖에 모르고 살아요. 하나님 법만 알지 세상 법은 모르시는 거죠."

성산 삼훈과 이웃 사랑

자신을 버려 가며 남을 돕는다는 것은 특별한 소신이나 가치관이 있지 않는 한 쉽지 않다. 이타적 삶 속에서 고통받는 이들에게 의술로 헌신한 장기려의 삶을 규정할 수 있는 세 가지 교훈을 새겨본다.

첫째, 사랑의 동기가 아니면 말을 삼가라.

둘째, 옳은 것은 옳다 하고, 아닌 것은 아니다 하라.

셋째, 문제의 책임은 자신이 져야 한다.

직접 붓글씨로 쓴 이 세 가지 교훈은 복음병원(고려의료원)에 걸려 있다. 평생 가난한 사람, 아픈 사람의 반려가 되었던 그의 인생철학이 이 세 마디 말 속에 담겨 있다. 의사라는 직업을 단순한 돈벌이가 아닌 소명으로 생각한 장기려의 정신이 잘 나타나 있는 문장이다.

인술로 주변에 아낌없이 사랑을 베푸는 장기려는 돈과 명예를 거머쥘 수 있는 자리에서도 늘 검소했고, 가난한 사람들에게 자신이 치료비를 부담하면서 헌신과 봉사를 말없이 실천하였다. 그런 그에게 귀한 손님이 찾아오는데, 부산에서의 피난생활 중에도 의술로 헌신적인 봉사를 하던 시절의 이야기다. 미국에서 공부한 전영창이라는 사람이 병원을 세우는 데 써 달라며, 당시로서는 거금인 5천 달러를 들고 찾아온 것이다. 복음병원이 설립된 배경이다. 이렇게 해서 세워진 복음병원은 자선병원으로, 치료비는 한 푼도 받지 않기로 다짐한다.

나중에는 치료비를 조금씩 받았지만, 처음에는 무료였다. 그러자 환자들이 구름처럼 몰려든다. 전쟁 중에 다친 사람들과 병에 걸린 사람들로 병원은 발 디딜 틈도 없었다. 장기려는 끼니를 걸러가며 월급도 받지 않으면서 치료에 열중한다. 어떻게 생활하는지 자신도 모를 정도로 바쁜 삶을 살게 된 것이다. 이웃과 인류를 위해 봉사하는 그에게 일용할 양식은 저절로 주어지는 것 같다는 생각이 들 정도였다. 함께하는 이들의 급여는 챙겨주지 못해도 헌신 봉사의 손길은 이어진다. 미국의 봉사단체와 국내외의 후원자들이 끊이지 않았던 것이다. 고귀한 뜻이 펼쳐지는 곳에 소중한 손길이 함께 따라온다는 사실을 체험한다.

바보인가 성자인가

그는 생전에 막사이사이상을 받지만, 상금은 물론 상패마저 팔아서 가난한 사람에게 나눠준다.

85세를 일기로 소천한 장기려 박사는 한국의 슈바이처임에 틀림없다. 그가 남긴 아름다운 일화 몇 가지 소개한다.

어느 해 정월 초하룻날 아침, 일찍이 그의 곁에서 자다가 깨어난, 아끼고 사랑하던 제자 손동길이 이부자리를 정돈하고서 먼저 세배를 올렸다. 장기려 박사는 따뜻한 미소를 머금은 채, "금년엔 날 좀 닮아서 살아봐." 하며 덕담을 건넸다.

어리광을 잘 부리던 제자는 "선생님 닮아 살면 바보 되게요."라고 하였다.

그러자 장기려 박사는 껄껄 웃으면서 "그렇지, 바보 소리 들으면 성공한 거야. 바보로 살기가 얼마나 어려운 줄 아나?" 하고 대답했다.

어느 날, 복음병원에서 회진을 하는데, 벌써 며칠 전에 퇴원해도 좋다고 판정했던 환자가 아직도 퇴원을 하지 않고 그대로 있는 것을 보았다.

"아니, 당신 아직 퇴원 안 하고 뭘 하노. 수술 경과도 썩 좋은데……."

환자는 장기려 박사를 보자 머뭇거리다가 말했다.

"서무과에서 퇴원할 수 없다고 합니다. 모자라는 입원비를 가져올 때까지 신분증을 보관한다고 가져갔습니다."

"뭐라고요?"

회진하다가 곧장 발걸음을 서무과로 돌린 장기려는 벼락같이 고함을 질렀다.

"여기가 병원이지 세무서냐?"

언제나 온화하고 인자한 원장이 이처럼 화를 내는 모습을 직원들은 처음 본 것이다.

돈이 없어 퇴원을 못하는 환자에게 "그냥 살짝 도망쳐 나가시오. 밤에 문을 열어줄 테니."라고 한 뒤, 자신의 주머니를 털어 차비를 주었다는 일화는 유명하다.

이런 장기려 박사를 두고 춘원 이광수가 "당신은 바보 아니면 성자야."라고 말한 것은 정확한 표현이리라. 평소에 장기려 박사가 제자들에게 가르치며 강조한 말도 이것과 상통한다.

"주 안에서 바보 되고, 주 위하여 손해보라."

지식인을 일깨운 시대의 양심

장준하

"뜻을 같이하는 친구가 먼 곳에서 오면 또한 즐겁지 아니한가!(『논어』「학이」)"

6천 리 대장정의 사선을 넘어 어렵게 찾아온 장준하를 맞는 백범 김구 선생과 그 일행의 마음이 이런 것이 아니었을까. 오로지 조선의 독립과 자유라는 일념을 품고 몇 번이나 죽을 고비를 넘기면서 한평생을 조국과 민족을 위해 바친 장준하, 그 일대기에 담긴 효심과 애국심을 찾아본다.

할아버지와 아버지의 뜻을 이은 효자

장준하(1915~1975년), 그는 평안북도 의주의 산골짜기 오지마을의 교사였던 장석인의 아들로 태어난다. 어려서부터 그는 학식이 풍부한 할아버지 덕분에 글을 읽고 쓰는 훈련을 받는다. 개명한 할아버지는 일찍이 독립운동에도 뜻을 두었기에, 손자 장준하에게 나라 사랑 정신도 교육한다.

고향에서 보통학교를 2년 만에 마치고 교편을 잡았던 아버지를 따라 평양 숭실중학교에 입학한다. 아버지가 평북 선천의 신성중학교로 전근을 가자, 장준하도 함께 따라간다. 당시 신성중학교는 항일 독립운동의 중심지로서, 나라 사랑운동뿐만 아니라 이웃 사랑운동에도 발 벗고 나선 학교다. 이러한 학교 분위기는 성장기 장준하의 가치관 형성에 큰 영향을 미친다. 또한 신사참배를 거부하며 교사직을 던진 아버지의 투철한 애국심도 그에게 심대한 영향을 준다.

청소년기에 친구들에 비해 생각이 깊었던 장준하는 연설에도 남다른 재주를 보인다. 이런 그를 두고 친구들은 선배나 선생님 같다고 놀리기도 한다.

학창시절의 애국운동

장준하의 청소년 시절에 일제는 강력하게 신사참배를 강요한다. 이로 인한 신사참배 반대운동도 거세게 일어난다. 특히 평안도의 신사참배 반대운동은 전국에서 가장 활발했다. 신성중학교의 교장선생님은 선봉에 서서 신사참배를 반대하다가 결국 경찰에 붙들려간다. 교장선생님이 경찰에 잡혀가자 그는 항일 대열에 앞장섰다. 먼저 강제로 배우던 일본어 교과서를 찢어버린다. 그리고 거리로 뛰쳐나가 교장선생님 석방운동을 전개한다.

학창 시절부터 독립운동에 열중하던 그가 어느덧 스무 살의 청년이 되어 평안북도 정주에 있는 작은 소학교의 선생님으로 부임한다. 그 동안 학교에서 배우고 교회의 주일학교에서 터득한 실력을 소학교에서 발휘하게 된 것이다.

그는 평일에는 비어 있는 교회를 체육관과 음악실로 사용하여 무용과 음악을 가르친다. 성가대를 직접 지휘하는 재능을 발휘하기도 한다. 여러 가지 일들을 함께 추진하던 그를 두고 지역 주민들은 돌출행동이라 여기며 불만을 품는다. 하지만 시간이 지나면서 하나둘 공감을 표한다. 그로 인해 학교와 동네와 교회에 모두 활기가 넘치면서부터다. 결국 그는 못하는 게 없는 '도사 선생'으로 통한다. 좁은 교실 공간을 확장하기 위해 학교를 증축하는 일에도 몸소 나서서 주변의 지원을 유도해 낸 것은 '도사 선생'의 진가를 확인할 수 있는 사례다.

"어둠이 깊어 가니 새벽이 다가온다."

일본은 1937년에 중일전쟁을 일으킨 데 이어, 1941년에는 미국을 상대로 전쟁을 일으킨다. 곳곳에서 동시다발로 벌인 전쟁의 판세가 좋아서 그런 것이 아니었다. 한 쪽에서의 순조롭지 못한 상황을 모면하기 위한 일종의 궁여지책이었다. 이런 일제의 몸부림을 두고 장준하는 "어둠이 깊었으니 새벽이 다가올 것"이라는 예견을 한다. 승리의 가능성이 없는 전쟁을 깊이 몰아가는 일본의 장래를 내다본 것이다.

이때 가장 큰 고통은 식민지 조선이 담당하였다. 전쟁 물자는 물론 병력까지도 조선에서 마구 동원했기 때문이다. 무기를 만들 철을 구한다고 집집마다 돌아다니며 쇠붙이란 쇠붙이는 모조리 공출해갔다. 어린이들에게는 연료에 필요하다며 송진을 채취하도록 명한다. 탄광을 비롯하여 전쟁터의 도로 공사장 같은 위험한 노동 현장에는 조선인들이 강제로 동원된다. 수단과 방법을 가리지 않고 약탈을 일삼는 일본 제국주의의 행태를 보고 그는 치를 떤다.

1943년에 연합군과의 전쟁이 확대되자 일제는 학생들까지 동원한다. 처음에 동원된 학생들은 대개 일본인 학생들이었다. 조선인 학생을 동원하지 않은 것은 배려해서가 아니다. 총을 가진 조선인 학생들이 총부리를 자신들에게로 겨눌지도 모른다는 두려움 때문이었다. 하지만 전쟁 상황이 극도로 악화되자 조선인 학생도 동원 대상이 된다. 그가 일본 유학길에 오른 무렵의 일이다.

일본에서의 유학생활과 학도병 지원

장준하는 일본의 대학에서 신학을 공부하면서, 한편으로는 숭덕학사라는 기독교 단체에서 열성적으로 활동한다. 숭덕학사에서 운영하는 학교에서 교사로 봉사한 것이다. 매주일 40km나 떨어진 곳에 사는 동포 아이들을 데려와 찬송가와 동요 및 조선의 역사와 성경을 가르쳤다. 이때 일제는 조선인도 학도병으로 입대하라고 명령을 내린다.

이 소식을 접한 장준하는 스스로 학도병에 지원한다. 대부분의 조선인 학생들은 징집을 피하려고 노력했지만, 장준하는 자원하여 입대한다. 일본을 위한 것이 아니라 조선의 독립을 위해서 일본 군대에 입대한 것이다. 다시 말해 일본군에 편입되어 중국의 전선에 배치되면 탈출해서 김구 선생이 이끄는 임시정부로 가서 독립운동을 하려는 계획이었다. 그리고 아내에게 "내가 일본 군대에서 보내는 편지에 성경 구절을 적어 넣으면 일본군 부대를 탈출했다는 신호"라고 알려준다.

늘 성경책을 들고 다녔던 장준하는 '이 성경책은 나와 하나님을 이어줄 것이다. 위험이 찾아오면 성경이 나를 그 위험으로부터 구해줄 것이고, 내가 지쳐서 모든 것을 포기하고 싶을 때에는 새로운 희망의 등불을 피워줄 것'이라고 생각한다.

일본군 부대의 탈출과 뜨거운 동지애

일본 군대 내에는 일본인과 조선인이 함께 근무했다. 일본 군인의 조선인에 대한 차별도 심했다. 자신들이 먹다 남은 밥을 던져주는 일도 있었다. 그는 조선인 병사들에게 받아먹지 말 것을 권면했다. 그 대신 그 밥을 쓰레기통에 처넣었다. 이런 그의 행동은 일본에 대한 도전으로 비쳐졌다.

탈출에 대한 꿈을 갖고 있던 장준하는 기지를 발휘해서 탈출에 성공한다. 아내에게 보내는 편지에 성경 구절을 써 넣을 수 있게 된 것이다. 1944년 7월이었다. 함께 탈출한 조선인도 여럿 있었다. 일시적인 승리감에 도취해 있던 일본군 부대의 경계가 느슨해진 틈을 이용하여 탈출한 것이다. 그리고 미리 알아두었던 중국 군대를 찾아간다. 다행히도 중국 군대에서 환영해준 사람들 가운데에는 역시 일본군 부대를 탈출해온 조선인도 있었다. 훗날 둘도 없는 동지가 된 김준엽도 여기에서 만난다. 이때의 만남을 시작으로 그들은 일생 동안 뜨거운 동지애를 발휘한다.

광복군 훈련소에서 만난 동지들과 중경 임시정부의 태극기

중국 군대에서 만난 장준하와 김준엽은 본래의 목적지인 임시정부를 찾아간다. 중국군 지휘관의 배려로 안내인이 동행했으므로 일본군 부대를 탈출할 때처럼 길을 잃을 염려도 없었다. 하지만 그 길은 6천 리나 되는 머나먼 험로였다. 순전히 걸어서만 가야 하는 대장정이었다. 갖은 고생 끝에 이들은 한 달 보름 만에 임천이라는 곳에 도착한다. 임시 광복군 훈련소가 있는 곳이었다.

훈련에 열중하던 광복군 청년들의 뜨거운 환영을 받으며 그들은 또 한 번 뜨거운 동지애를 느낀다. 그곳에는 자신들처럼 일본군 부대를 탈출한 사람도 있고, 일본 유학생들도 많았다. 탈출 과정의 무용담을 주고받으며 이들은 조국 독립의 꿈을 불사른다.

훈련소에서 장준하는 철학을, 김준엽은 역사를 훈련병들에게 강의한다. 일본 유학파 가운데 몇몇은 법학과 문학도 강의한다. 전보다 질 높은 교육이 이루어진 것이다. 강의 내용을 모아 만든 『등불』이라는 잡지도 발간한다. 『등불』은 훗날 이 나라 최고의 잡지가 된 『사상계』의 서곡이었던 셈이다.

훈련소에서 만난 동지들과 장준하는 다시 임시정부가 있는 중경으로 향한다. 한겨울에 파촉령이라는 3천 미터 고지를 넘으면서 온갖 고초를 겪는다. 가까스로 중경 임시정부에 도착한 것은 1945년 1월 31일이었다. 임시정부 청사에 펄럭이는 태극기를 보는 순간 일행은 뜨거운 눈물을 흘린다. 동지 백범 김구 선생도 만난다.

백범 선생의 환영사에 이어 장준하의 답사가 이어지지만, 답사를 끝맺지 못했다. 설움과 감격에 겨운 흐느낌이 환영식장 전체를 울음 바다로 만들었기 때문이다. 환영식은 차려 놓은 음식도 먹지 못하고 울다가 끝나 버린다.

강력한 독립운동을 위한 새 출발과 일본의 항복 소식

장준하 일행이 일본군 부대를 탈출하여 임시정부에 합류했다는 소식은 중국 언론의 집중적인 조명을 받는다. 하지만 임시정부의 규모와 활동의 초라함에 실망한다. 더 큰 포부를 갖고 정열적으로 독립운동에 매진하고 싶었지만, 임시정부에서의 활동으로는 부족하다고 느낀다. 그리하여 서안에 있는 미군 전략정보부 부대로 향한다. 김구 선생과 작별인사를 마친 장준하 일행은 그곳 미군 부대에서 최악의 상황에서도 살아남을 수 있는 특수 요원 훈련을 받는다.

모처럼 훈련다운 훈련을 받은 것이다. 고된 훈련과정을 마친 그들은 이제 자신들의 손으로 조국의 광복을 앞당기는 날만 남았다며 국내에 잠입하라는 명령을 기다린다. 그때 가슴이 내려앉는 소식을 듣게 된다. 일본이 항복 선언을 한 것이다.

"부끄러운 조상이 되지 말자."

목숨을 걸고 일본군 부대를 탈출해서 갖은 고생을 해가며 중경에 왔고, 다시 서안으로 가서 특수 훈련을 받은 것은 후손에게 "부끄러운 조상이 되지 말자."라는 결심을 행동으로 보이기 위해서였다. 우리 후손들이 "못난 조상을 만나 이런 고생을 하는 것은 우리 세대로 끝나야 한다."라는 강한 다짐 때문이었다.

하지만 정작 자신의 힘을 써보기도 전에 일본이 항복한 것이다. 이 소식은 그들에게는 기쁜 일임과 동시에 안타까운 소식이었다. 백범 선생의 탄식에서도 그러한 심정을 읽을 수 있다. "아, 이것은 기쁜 소식이 아니라 하늘이 무너지고 땅이 꺼지는 슬픈 소식이다." 그토록 조국의 독립을 갈망했던 김구 선생의 이 같은 탄식은 해방 이후의 우리 모습을 보아도 알 수 있다.

연합국의 일원으로 조선이 전쟁에 참여하지만, 실질적인 성과를 얻어내지 못한다. 연합국으로서 발언권과 지위를 갖지 못한 것이다. 서안으로 달려가 그처럼 혹독한 훈련을 감내한 것이 수포로 돌아간 것이다. 원래 장준하는 서안에서 훈련을 마친 뒤 미 해군 잠수함을 타고 조국인 한반도에 침입할 계획이었다. 그런데 일본군과 싸워보지도 못한 채 일본이 항복한 것이다. 자신의 손으로 스스로 독립을 쟁취하겠다는 계획이 물거품이 되는 순간이었다. 따라서 일본이 항복했다는 소식은 슬픈 소식이었다. 해방된 나라의 주인으로서의 목소리를 떳떳하게 낼 기회를 놓친 것이다.

해방된 조국, 자유와 민주를 향한 외침

결국 이 땅은 미국과 소련의 손에 의해 남과 북으로 나뉘어 분열된다. 목숨을 걸고 독립운동에 매진하던 독립운동가들은 국내에서 푸대접을 받는다. 동포들의 뜨거운 환영은커녕 귀국하는 것조차 꺼리는 분위기였다. 그간의 독립운동에 대한 노력을 인정하지 않으려는 사람들 때문이었다. 결국 장준하 일행은 조용히 귀국한다.

귀국한 일행은 비행장에 내리자마자 「애국가」를 제창한다. 환영 나온 동포의 모습은 찾아볼 수 없었다. 썰렁한 비행장에서 「애국가」를 부르며 또 한 번 절규한다. 그리고 비밀 작전이라도 하듯이 미군 장갑차를 타고 어딘지 알 수 없는 숙소로 향한다. 서대문에 있는 경교장이었다. 경교장에 도착해서야 환영 인파를 만난다.

그 후 국내 정치는 난맥상을 이룬다. 그는 정치에서 손을 떼고 중단했던 공부를 시작한다. 그러는 사이에 남북이 나뉘고, 6.25전쟁이 일어난다. 전쟁은 그에게 엄청난 고통을 안겨준다. 전쟁의 충격으로 인해 아버지는 심장마비로 사망하고, 자신을 그토록 아껴주던 할아버지도 세상을 떠난다. 동생마저도 전투 중에 실종되고, 두 살밖에 안 된 딸도 잃었다.

국가적 위난과 가족적 비애를 함께 경험한 그는 이 민족의 정신을 새롭게 해야 한다는 사실을 깨닫는다. 민족적 지혜를 가다듬지 않으면 안 된다고 결심하고 자유와 민주를 향한 투쟁의 장에 나선다. 이를 위해서 국민을 일깨울 책이 필요하다고 생각하여 『사상계』라는 잡지를 출간한다. 역사에 길이 남을 훌륭한 잡지를 만들어 이 나라를 새롭게 하자는 결의의 결과물이었다.

조국의 독립을 염원하던 장준하는 이제 조국의 진정한 자유와 민주를 위한 선봉에 선다. 온갖 고초를 겪으면서도 그의 일관된 행동은 많은 지식계를 일깨운다. 이런 그를 기리며 우리나라 사람으로서는 처음으로 막사이사이상을 수상한다.

"한국의 지식인들에게 등불이 되고 있는 『사상계』라는 잡지가 있습니다. 돈을 벌려는 목적에서 만들어진 것도 아니고, 정치적 욕심도 드러내지 않는, 그야말로 오직 한국의 미래를 생각하는 의지로 꽉 차 있습니다. 잡지에 실린 모든 글들의 내용 하나하나가 민주주의를 위한 순수한 정열을 담고 있습니다. 그 잡지의 사장인 장준하에게 막사이사이상 언론부분의 상을 주는 데 이의가 없습니다."

1962년에 막사이사이 재단이 장준하의 수상 이유를 밝힌 글이다.

하지만 장준하는 유신정권에 맞서 민주주의 운동을 하던 중 의문의 죽음을 맞는다. 끝으로 그의 죽음을 추모하는 글의 일부와 묘비명을 소개한다.

"장 선생은 이 민족의 별이다. 그러나 그의 죽음을 별이 땅에 떨어진 것으로 비유하고 싶지 않다. 왜냐하면 장 선생의 영혼은 새로운 별이 되고, 그 별빛은 길이길이 우리 민족의 갈 길을 비춰줄 것이기 때문이다."(김수환 추기경의 추도사, 1975년)

"일제의 식민통치에 항거하여 중국 대륙을 누비던 젊은 날의 독립운동, 고통 받는 자의 편에서 몸과 마음을 다해 그 고통을 함께 나눈 인간에 대한 사랑, 이 시대의 선각자로 이 민족의 갈 길을 밝힌 지성이었던 분, 당신은 진정 우리 시대의 가장 위대한 인물이었습니다. 당신이 가신 지 12년, 그 단정하던 모습, 다정하던 목소리, 언제나 자기희생을 달가워하던 그 청순한 사람됨, 세월이 가도 우리는 당신을 잊을 수가 없습니다. 아, 장준하!"(묘비명)

조선 사람, 조선의 것으로

조만식

　한국 독립운동사에 이름을 남긴 분들의 공통된 특징은, 원활한 투쟁을 위해 국외에서 많이 활동했다는 점이다. 하지만 고당 조만식 선생만은 예외다. 그는 독특하게도 끝까지 국내를 고집하며, 국내에서의 독립운동을 사수한다. 평양에서 해방을 맞이하고, 이어진 소련 군정 치하에서 그는 남한행을 권유받지만, "나마저 서울로 가면 자유를 갈망하는 저 동포는 누굴 믿고 살겠는가?"라며 거절한다. 그리고 북한 공산 정권이 들어섰을 때에는 종교적 신앙과 자존심을 끝까지 지키다가 순교한다. 1950년 10월 18일의 일이다. 코앞까지 다가온 한국군과 유엔군의 기세에 눌린 김일성이 고당 선생을 우선적으로 처형한 것이다. 고당 선생의 민족에 대한 철저한 생각과 가치를 두려워했기 때문이다. 이렇듯 고당 선생은 이 땅의 백성들과 더불어 고락을 같이하면서, 시대의 등불이자 좌표가 된 우리 민족의 대표적인 지도자였다.

엄한 가정에서의 전통적 효행 실천

고당 조만식(1882~1950년), 그는 평양성 안의 경치 좋은 곳에서 창녕조씨 집안의 외아들로 태어난다. 부친은 선비식 훈련 방법으로 그를 엄격하게 교육한다. 외아들에 대한 사랑이 남달랐지만, 사랑하기 때문에 교육은 더욱 엄하게 한 것이다. 아침마다 꿇어앉혀 놓고는 성현의 말씀으로 훈계하고, 조금이라도 잘못이 있으면 사정없이 회초리를 들었다. 당시를 회상하는 누이동생의 증언이 실감난다.

"아버님은 오빠 종아리를 걷어잡고 저에게 종아리채(회초리)를 가져오라고 호령하셨어요. 제가 종아리채를 갖다 드리면 사정없이 때렸습니다. 저는 겁이 나서 엉엉 울면서 오빠가 종아리를 맞는 것을 지켜보았어요."(『고당 조만식』, 평남민보사, 1966년. 이하 출처 생략)

고당의 부친은 엄한 교육을 함과 더불어 따뜻한 자애도 베풀며 아들과 함께 유희를 즐기기도 한다. 평양의 장대현에 살 때에는 고당 선생과 함께 흰 수염을 날리면서 연을 날리기도 했다는 기록이 전한다.

어려서부터 엄격한 교육을 받은 고당 선생은 일곱 살에 한문 공부를 시작해서 열여섯 살까지 사서삼경을 통독한다. 전통적 효와 예절을 기본으로 하는 공부였다. 얼마나 공부를 잘했던지, 고당 선생을 가르쳤던 훈장이 부인에게 이렇게 말한다. "글방 아이들 가운데 장차 사람 구실 할 놈은 조당손(고당의 애칭)밖에 없소. 공부도 잘하지만 신의가 있고 용맹한 의협심까지 있거든. 그놈의 지혜와 언행을 보면 뱃속에 이미 어른이 들어 있다니까. ……"

당시 남아는 열다섯 살이 되면 호패를 찼는데, 부모님 말씀을 하늘처럼 생각하던 고당은 부모님이 시키는 대로 열네 살에 결혼을 한다. 조혼을 한 것이다. 열여섯 살 때에는 장사를 시작하여 자수성가의 길을 걷는다. 가정사에서 여러 가지 불행이 닥쳐오지만 고당 선생은 사업 수완을 발휘하여 재산을 모은다. 덕분에 훗날 무보수로 사회단체에서 봉사하고, 애국운동에도 자신의 모든 것을 바칠 수 있게 된다. 양반가 출신인 그가 장사를 했다는 것은 사농공상의 사민 차별의식이 여전히 남아 있던 당시로서는 대단한 의미를 지닌다. 그만큼 그가 시대를 앞서가고 있었다는 반증이다.

신앙생활과 애국운동

고당 선생은 기독교 신앙활동을 개인적 차원에 그치지 않고, 민족 부흥을 위한 정신으로 삼는다. 신앙생활과 애국운동을 하나로 생각한 것이다. 그는 평양의 산정현교회에 속해 활동했으며, 마흔두 살(1923년) 때에는 장로가 된다. 산정현교회는 신사참배를 거부하며 순교한 주기철 목사가 담임하던 교회이다. 주 목사가 고당 선생의 오산학교 제자이니, 고당의 애국정신을 제자도 몸소 실천한 것이다.

고당 선생은 교회가 중심이 되어 일본 침략주의에 항거하는 데 깊이 참여한다. 그리고 일제의 침략에 항거하기 위해서는 실력을 키워야 한다면서, 숭실학교를 졸업한 뒤 일본으로 유학길에 오른다. 조국의 독립에 기여하고, 독립을 이룬 후에 나라를 돌보기 위해서였다. 일본 유학 시절에도 신앙활동을 적극적으로 펼치면서 몇몇 뜻있는 사람들과 교회를 세운다. 동경의 YMCA회관을 빌려 일본 내 최초의 한인교회인 동경조선인교회를 세우고 신앙생활과 독립운동을 병행한다.

국내로 돌아와서는 오산학교 교사(1913년)와 교장(1915년)을 지내면서 교육과 독립운동을 계속 이어간다. 1919년에는 3.1운동에 가담했다가 헌병대에 잡혀가 투옥된다. 그리고 1920년 1월에 가출옥의 '은전'을 받아 석방될 예정이었으나, 일제의 은전을 거부하면서 잔여 형기인 두 달을 마저 살겠다고 버틴다. 집에서는 가석방된다는 소식을 듣고 부랴부랴 의복을 마련하여 형무소 문 앞에서 기다렸지만, 그는 끝내 석방을 거부하다가 결국은 그날 저녁에 강제로 추방된다.

태평양전쟁 말기에 일제가 이 땅의 존경받는 지도자들에게 공갈과 협박을 가하여, 조선인 학생들을 대상으로 학병에 지원하도록 권유해 달라고 압력을 가할 때의 일이다. 고당 선생도 압력을 받지만 그때마다 "안사람한테 놋그릇을 빼앗아갔으니 그만하면 협력한 것 아니오?"라고 일갈했다고 한다. 철저한 애국정신의 단면을 볼 수 있다. 총독부 기관지인 『매일신보』에 고당 선생의 이름을 빌려 「학도에게 고한다」라는 제목의 날조된 논설을 실었던 기자는 결국 광복 후에 자결했다는 기록도 있다.

'내 살림은 내 것으로'

비폭력 무저항운동을 펼쳐 '한국의 간디'로 알려진 고당 선생이 한 일들 중 가장 눈에 띄는 업적은 역시 물산장려운동이다. 스승인 남강 이승훈 선생과 함께 벌인 물산장려운동은 비폭력 무저항운동의 대표적인 방법 가운데 하나이다. 이는 일본에 대한 일종의 침묵 투쟁이고, 우리 민족에 대해서는 국산품 애용운동이고, 국민 개개인에 대해서는 생활개선운동이다. 물론 그 속에는 일제 상품 배척운동이 자연스럽게 내포되어 있고, 전체적으로는 애국운동에 속한다고 할 수 있다.

고당 선생은 이를 몸소 실천하며, 무명 두루마기에 제주산 말총모자와 평양에서 만든 고무신을 애용한다. 전신에 걸친 모든 것들이 국산품이었다. 주요 행사 때 양복을 한번 입어보라고 권유를 받았지만, 그때에도 무명 두루마기를 벗지 않았다.

지도자의 솔선수범이 더해진 물산장려운동이 전국으로 급속히 퍼져 가면서, 소달구지에 '내 살림은 내 것으로'라는 표어를 달고 행진한 일도 있다. 당시 일간지에 실린 광고 문구도 이런 분위기를 잘 전해준다.

"우리가 만든 것 우리가 쓰자."

"자~ 자작자급(自作自給)하야 우리 것으로 살자."

"토산장려(土産獎勵) 금일부터 실행, 자작자급. 이천만 민중의 일치합세로 성취할 자활운동."

"조선 사람, 조선 것으로."

"남이 만든 상품을 사지 말자. 사면 우리는 점점 몯(못-인용자)

살게 된다."

"조선 물산을 팔고 사자. 조선 물산을 먹고 닙(입-인용자)고 쓰자."

"우리는 만제 물품을 만들자. 우리의 원료 자본 긔(기-인용자)술
로……."

오늘날 신토불이(身土不二)를 내세우며 국산품 사용을 강조하는 모
습과 흡사하다. 여기에서 물산장려운동이 얼마나 절실하고 활발했는
가를 알 수 있다. 선생은 솔선수범하여 치약 대신 소금을, 비누 대신
재래식 화장법인 팥가루를 사용하였다.

스승 존경과 제자 사랑의 본보기

고당 선생의 제자인 한경직 목사가 전하는 일화들 중 이런 게 있
다. 한밤중에 기지개를 펴면서 크게 하품을 하였는데, 그 소리를 선생
이 듣게 되었다. 고당 선생이 노크를 하고 들어오더니 "하품은 누구
나 하는 것이나, 다른 사람에게 방해될 정도로 크게 하는 것은 옳지
않다."라고 지적하였다. 이후로 한경직 목사는 평생 동안 함부로 기
지개를 펴지 않았다고 한다.

고당 선생의 뒤를 이어 오산학교 교장이 된 유영모 선생이 전하는
일화다. 학생들 대부분이 기숙사 생활을 하며, 나무를 때서 난방을 하
던 힘든 시절이었다. 선생은 하루도 거르지 않고 새벽마다 잠자는 학
생들을 위해 기숙사 아궁이에 불을 땠다고 한다. 그리고 옷을 입을 때
도 선생만의 철학이 있었다. 학생들 앞에서 첫 번째 단추는 깨끗, 두

번째 단추는 정직, 세 번째 단추는 진실, 네 번째 단추는 근면, 다섯 번째 단추는 절약이라고 했으며. 아울러 첫 번째 단추를 잘 끼워야 한다고 가르쳤다. 인생에서 삶의 단계를 청결·정직·진실·근면·절약으로 채우라는 의미였다.

오산학교 시절의 또 하나의 일화다. 추운 겨울의 어느 날 이른 아침에, 조용하던 기숙사에 시끄러운 소리가 울려 퍼졌다. 깜짝 놀란 학생들이 기숙사 방문을 열고 보니 고당 선생이 화장실 바닥을 망치로 치고 있었다.

"아니, 선생님 무엇을 하고 계십니까?"
"아무것도 아니야. 화장실 배설물 넘친 것이 꽁꽁 얼어버렸구면. 이걸 좀 깨야 용무를 보지 않겠어. 허허허~!"

고당 선생의 솔선수범에 학생들은 몸 둘 바를 몰라 안절부절못했다는 얘기다. 한겨울에 눈이 내리면 선생은 꼭두새벽에 일어나 정문에서부터 교실 앞까지 눈을 쓸었을 때도 마찬가지다. 감동받은 제자들이 이런 일화를 전하면서 자신들도 그 뜻을 이어가고 있다고 말한다. 한경직 목사는 선생의 모습을 그리며, "나는 일생 동안 여러 은사들에게 배워왔지만, 학생을 사랑하고 나라를 사랑하며 실제로 모범을 보여주면서 그의 전 생애를 희생한 교육자는 오직 고당 한 분뿐이라고 생각한다."라고 회고한다. '스승 존경과 제자 사랑'의 참모습이 절절히 묻어나는 장면이다.

영원한 스승이자 나라의 지도자

고당 선생이 민족적 위기 국면에서 보여준 몇 가지 사례는 오늘날에도 여전히 교훈으로 삼을 만하다. 선생의 판단과 결단이 강인한 국력과 사회적 하모니가 요구되는 오늘의 시점에서 계속 이어져야 할 진행형 사업이라는 것이다.

첫째, 물산장려운동이다. 이는 오늘날 전 세계를 뒤덮고 있는 신자유주의 체제 아래에서는 자칫 국가이기주의라는 비난을 받을 수도 있다. 하지만 경제 위기에 직면한 지금 국가적 차원에서 국내 산업 보호라는 대의를 생각한다면 쉽게 포기할 일은 아니다. 1998년에 나라 전체가 금융 위기의 소용돌이에 휩싸였을 때 어느 기독교 교단에서 발행하는 신문에 실린, "어디 고당 같은 분 안 계십니까?"라는 광고 문구가 설득력을 지녔던 것도 같은 맥락이 아닐까.

둘째, 지역갈등 해소 문제이다. 고당 선생은 일본 유학 시절에 외국에서까지도 출신 지역에 따라 분열하는 교포들의 모습을 목도하고는, "고향을 묻지 맙시다. 독립을 위해서도 단합해야 하지만, 국권을 찾은 다음에 화합하는 것은 더욱 중요합니다."라고 강조한다. 오늘날 지역감정의 골이 깊은 우리가 귀담아 들어야 할 내용이다.

셋째, 민족의 주체적 역량을 강조한 것이다. 광복 후 신탁과 반탁으로 입장이 나뉘어 민족이 분열되었던 순간에, "우리 운명은 우리가 결정한다."라는 고당의 주체적 의지와 결연한 태도는 오늘날 남북한이 대립하고 갈등하는 상황에서 우리가 본받아야 할 중요한 내용이다. 미국과 중국이라는 양대 강국은 긴장이 감도는 한반도를 둘러싸고 미묘한 역학관계 속에서 자국의 이익을 극대화하고 있는데, 우리가 거기에 놀아나서는 안 된다는 경고이다.

이렇듯 선생의 생각과 뜻은 지금도 여전히 유효한 측면이 있다. 선생의 나라 사랑 정신에서 나온 고견이, 선생이 살아 있던 당시의 가치뿐만 아니라, 현재적·미래적 가치도 함께 지니고 있기 때문에, 후손인 우리가 잘 되새기면서 교훈으로 삼아야 할 것이다.

대한민국 공군의 아버지
최용덕

　대한민국 공군의 역사는 1945년 해방 이후에 시작된 게 아니다. 1910년대에 노백린 장군이 독립군 산하에 공군을 만들자는 주장을 했고, 1920년대에는 도산 안창호 선생이 비행대 창설을 위해 동분서주한 것이 모태가 되었다. 한편 미국에서는 한국인들이 만든 '대한인 비행가 양성소' 라는 독립군 비행학교도 있었다. 중국에서도 한국의 젊은이들이 중국 비행학교에 입학하여 훈련받은 일도 있다. 1930년대에는 김구 선생이 임시정부에 독립군 비행대를 창설했고, 여기에서 배출된 비행사들이 중일전쟁 때 일본 침략자들과 싸우기도 하였다. 하지만 본격적인 시도는 최용덕에 의해 시작된다.

밤하늘의 별을 보며 하늘을 동경한 어린이

최용덕(1898~1969년), 그는 어려서부터 부모로부터 일제의 만행에 대해 듣는다. 감수성이 예민한 최용덕은 그럴 때마다 눈물이 났지만 애써 밤하늘을 쳐다보며 울분을 삼킨다. 1907년에 대한제국 군대가 강제로 해산되자 곳곳에서 의병들이 일어난다. 최용덕의 친척들도 의병에 참가한다. 일본 경찰이 용덕의 집을 수색하고, 의병에 참가한 친척들의 소식을 다그쳐 물으면서 가족들을 괴롭혔다. 그럴 때마다 어린 용덕은 반드시 일제를 무너뜨리고 말겠다고 다짐한다.

1911년에 아버지의 뜻에 따라 용덕은 봉명중학교에 입학한다. 서양의 발달한 문명과 기술을 접한 것도 이때부터이다. 엄청난 쇳덩이로 만든 배가 바다를 떠다니고, 육중한 비행기가 하늘을 나는 것도 알게 된다. 이미 일본도 비행기를 만들어 활용한다는 소식을 접하고는 충격을 받는다. 용산에 있던 왜놈 비행장에서 일본군의 비행 시범을 보기도 한다. 그때 용덕은 하늘을 나는 비행사가 될 것을 결심한다.

부친의 애국심을 따라 중국으로

최용덕은 1913년에 열다섯 살이라는 어린 나이에 중국 망명길에 오른다. 중국에 가서 신문물을 배우라는 부친의 뜻에 따른 것이다. 부친은 용덕에게 신문물을 배워 조국을 위해 쓰라고 명령한 것이다. 모친도 부친의 뜻을 순순히 따른다.

그리고 6년이라는 세월이 흘렀다. 1919년에 중국에서 고국의 3.1 만세운동 소식을 접했다. 마침 기차 여행 중이었는데, 경찰의 검문검

색을 당했는데, 그의 품에서 권총과 독립선언문이 나온다. 그리하여 중국의 봉천에 있는 헌병대로 끌려가 며칠 동안 추운 감옥에 갇혀 취조를 받는다. 그 과정에서 1914년에 북경에서 숭실중학교를 졸업했고, 1916년에 중국 육군군관학교를 졸업한 뒤 소대장과 중대장으로 활동했다는 사실이 밝혀진다. 특히 품에서 조선의 독립선언문이 발각된 것 때문에 어려움을 겪지만, 마침 잘 아는 사람을 만나 가까스로 석방된다.

석방된 후 용덕은 자신의 진로를 놓고 고민한다. 그리고 어려서부터 동경하고 결심했던 비행사가 되기 위한 길을 간다. 비행사가 되어 조국의 독립을 위해 싸우겠다는 결의를 다진 것이다. 상해 임시정부로부터 허락도 받는다. 그리하여 주변 사람들의 도움으로 보정비행학교에 입학한다. 신기하게만 생각하던 비행 기술을 익히며 조국의 밝은 장래를 꿈꾼다. 무사히 비행 실습을 마치고 마침내 비행사 자격증을 취득하고, 항공대 장교 신분도 얻었다. 정식으로 비행사가 된 것이다. 새로운 문물을 익혀 조국을 위해 일하라는 부친의 뜻을 이룬 것이다.

비행사 자격 취득과 독립투쟁 현장

공군 비행사로서 여러 번 출격하여 공적도 쌓았다. 공중전에서도 맹활약하며 실력을 인정받았다. 비행 중에 엔진이 멈추는 위험한 순간을 만나기도 했지만, 그럴 때마다 침착하게 활공비행을 하며 죽을 고비를 넘긴다. 엔진이 꺼진 상태에서 바람을 이용하여 착륙하다가,

그 충격으로 다리가 부러지는 사고도 겪는다. 하지만 다리가 회복되자 곧바로 독립운동 전선에 다시 나선다.

만주 지역으로 달려가 일본 침략자들과 싸웠다. 1931년에 일본 제국주의 세력은 만주사변을 일으키고 괴뢰정부인 만주국을 세운다. 그리고 일본군은 만주군과 함께 독립군 토벌 작전에 나서자, 한국 독립군은 중국군과 연합하여 일본군에 맞서 싸운다. 용덕이 합류한 부대도 한중 연합군대였다. 이때 용덕은 하늘의 비행사가 아닌 백두산 호랑이가 되어 일본 제국주의 군대를 겨눈다. 독립군 사령관이던 이청천은 용덕의 손을 꼭 잡으며 동지로서의 뜨거운 뜻을 나눈다. 당시 고구려와 발해의 옛 영토인 만주 땅에서 독립군의 활약은 참으로 대단했다. 1920년에 봉오동 전투와 청산리 전투에서 거두었던 승리를 이청천과 최용덕이 이어간 것이다.

조국의 품으로 돌아온 영웅

하지만 최용덕은 비행사 훈련을 받고도 비행기를 탈 수 없는 것에 대해 늘 안타까워한다. 백범 김구 선생도, 도산 안창호 선생도, 상해 임시정부에서 활동하면서 비행대를 만들기 위한 비행기를 구입하려고 많은 노력을 기울였다. 비행기로 수많은 독립단체들과 신속한 연락을 취할 수만 있다면 좀 더 효율적으로 독립운동을 할 수 있을 것이라는 판단 때문이었다. 제2의 3.1운동과 같은 국민 저항운동을 하늘에서 전단지를 뿌리면서 할 수 있다면 효과를 극대화할 수 있을 것이라고 생각했다. 막상 조선인 조종사들의 숫자가 늘고 있었기에, 최용

덕은 그들을 결집하여 비행대를 만드는 일에 앞장선다. 하지만 임시
정부에 공군을 창설하는 작업은 생각처럼 쉽지 않았다. 차일피일 공
군 창설 작업이 늦어지고 있는 사이에, 결국 일본의 항복 선언과 더불
어 광복의 날이 찾아왔다.

기나긴 전쟁이 끝나자 중국의 전선에서 중국군과 함께 일본에 저
항했던 최용덕에게 장개석 총통이 제안한다. 새 시대 새 중국을 위해
헌신해달라는 부탁을 받은 것이다. 하지만 최용덕은 조국인 대한민국
으로 돌아가겠다고 당당히 밝힌다. 장 총통은 아쉬워하며 다시 잔류
를 요청하지만, 조국을 위해 헌신하겠다는 최용덕의 강한 각오를 꺾
지는 못한다. 1913년에 중국으로 망명한 이후 32년 동안 중국에서 항
일 독립운동에 앞장섰던 최용덕이 드디어 조국으로 돌아온 것이다.

대한민국 공군의 창설과 백의종군

큰 꿈과 기대를 안고 조국으로 돌아왔지만, 조국은 남북으로 갈라
져 불행은 계속된다. 일제 강점기 때 활약하던 비행사들이 5백여 명
이었는데, 그 가운데 숙련된 비행사만 해도 최용덕을 비롯하여 1백여
명이나 되었다. 이들이 중심이 되어 대한민국 공군을 창설하기 위한
기틀을 마련한다. 하지만 이들은 다양한 경력의 소유자들이었으며,
그로 인해 각자 다른 계획을 가지고 있었기에 그들의 생각을 하나로
모아내는 것은 쉽지 않았다. 이때 최용덕이 남다른 리더십과 열정을
발휘하여 결국 공군을 창설하기로 하고, 먼저 육군 항공대를 조직한
다. 그리하여 중국 항공대 장교로 혁혁한 전공을 세운 최용덕 장군도

육군 항공대의 일반 병사로 입대했다. 미 군정청의 조건이 그러했기 때문이다. 한마디로 이순신 장군이 임진왜란 때 백의종군한 사실을 떠올리며 최용덕도 그 조건에 따르기로 결심한 것이다.

공군 창설을 꿈꾸던 최용덕에게는 어찌 보면 치욕적인 일일 수도 있는 이런 조건을 감내하며, 나이 쉰 살에 사병으로 입대하여 일반 병사들과 함께 훈련을 받는다. 큰 꿈을 실현하기 위한 단련의 과정이라 생각하고 시작한 훈련은 머지않아 결실을 맺는다. 1948년 8월 15일에 대한민국 정부가 수립되자, 그는 국방부 차관에 임명된다. 그리고 대한민국 공군의 창설을 주도한다. 경제적으로 미약한 대한민국에서 공군 창설은 시기상조라는 비판이 거세게 일었지만, 최용덕은 굳은 의지로 결국 일을 해내고야 만다. 마침내 1949년 10월 1일에 14대의 연락기를 기반으로 대한민국 공군이 창설된 것이다.

애국기 헌납운동

공군은 창설되었지만 변변한 비행기가 없는 게 문제였다. 미군으로부터 물려받은 연락기는 노후한 기종이었으며, 그나마 몇 대는 작동이 되지도 않았다. 공군이 독자적으로 임무를 수행하기 위해서는 훈련기·수송기·폭격기·전투기가 필요했다. 하지만 당시 우리나라의 경제 사정은 이를 허락하지 않았다. 그리하여 국민 모금운동에 나서게 된다. '대한민국 공군 비행기를 우리 손으로 마련하자.' 라는 뜻에서 전 국민을 대상으로 모금운동에 들어간다.

국민들의 절대적 호응에 힘입어, 처음에 목표로 했던 2억 원을 훨

씬 웃도는 3억 5천만 원이 모금된다. 국방부 차관에서 공군사관학교 교장으로 취임한 최용덕은 이를 계기로 공군의 내실화에 박차를 가한다. 이때 주변에서 그의 리더십을 알고 있는 사람들이 찾아와 정치에 참여할 것을 권하지만, 자신이 있어야 할 자리는 대한민국 공군이라며 사양한다. 그 어떤 명예나 권력보다도 태극 문양이 달린 공군기가 대한의 영공을 나는 것이 더 보람차고 자랑스러운 일이라고 여긴다. 그리하여 전 국민의 주머니를 털어서 구입한 공군기가 대한의 창공을 나는 모습을 보면서 뜨거운 눈물을 흘린다.

국민의 모금으로 구입한 비행기의 시범비행 행사에 함께 참관한 이승만 대통령은 "이 비행기 10대는 전국의 동포가 자기 주머니를 털어서 산 것이므로, 각 도를 대표해서 이름을 지어, 비행기를 사는 데 희생적인 공헌을 한 사람들의 정신과 애국심을 표시하게 될 것입니다."라고 말한다. 그리고 10대의 비행기에 '건국기'라는 명칭과 함께 각 도를 상징하는 이름을 정한다. 광복 이후 또 한 번의 감격스런 장면이었다.

하지만 여전히 전투기를 보유하지 못한 것에 대해 못내 안타까워하며 전투기 구입을 서두르지만, 북한을 자극할 수도 있다는 이유로 미군이 반대하여 뜻을 이루지 못한다. 그러던 중 1950년에 6.25전쟁이 일어나자 한국은 속수무책으로 북한군에게 밀려 후퇴하게 된다. 약소민족이기 때문에 해방된 이후에도 우리의 뜻을 우리 스스로 결정하지 못하는 안쓰러운 처지를 경험한 것이다. 그래도 자랑스러운 것은 순간순간의 기지로 큰 화를 면할 수 있었던 일들이다. 6.25전쟁 동안에 다음과 같은 일화가 있다.

북한 인민군 부대가 해인사를 점령하자, 미 작전본부는 공군으로 하여금 해인사를 폭격하도록 명령을 내린다. 해인사는 천 년 고찰로, 팔만대장경이라는 엄청난 문화재가 보관되어 있는 사찰이다. 명령에 죽고 사는 군인으로서 해인사를 폭격하라는 명령은 거역할 수 없는 지상과제였다. 하지만 명령을 하달 받은 사천비행단 소속 공군 지휘부는 인민군이 식량 조달을 위해서 해인사로 내려왔다는 사실을 알고 해인사 폭파를 거부한다. 대신 그들의 동태를 파악한 뒤, 그들의 기지를 폭파함으로써 해인사는 온전히 보존될 수 있었다. 하지만 분명한 것은 이런 행위는 전시에는 명령 불복종 죄에 해당한다는 점이다. 하지만 이 사실을 보고받은 최용덕 장군은 오히려 이 일을 치하하며 격려한다. 6.25전쟁 중에 있었던 가장 극적이면서도 감동적인 사건들 중 하나였다.

애국심으로 일관한 대한의 효자

"내가 죽으면 공군 제복을 입혀서 땅에 묻어달라."

1969년 8월 15일, 일제 식민지 치하에서 광복된 지 24년 만에 세상을 떠나면서 그가 남긴 말이다. 그는 평생 동안 군인의 길을 걸으며 청빈한 삶을 산다. 중국 항공대 장교로 근무하면서 받은 월급의 70퍼센트를 임시정부에 헌납하고, 나머지를 가지고 가족의 생활비에 충당했다. 이를 안타깝게 여긴 공군 후배들이 십시일반하여 집을 지어주기 전까지 그는 갈월동과 상도동 등지에 전셋집을 전전하며 살았다. 평생을 가난하게 살면서도 나라의 장래를 걱정했다. 변변한 재산을 남기지도 않았다. 그런 그가 1969년, 조국이 일제로부터 독립된 그날 세상을 떠난다. 세상을 떠날 때 그의 주머니 속에는 2백 원이 들어 있었다. 그는 국립 서울현충원 제1장군 묘역에 묻혔다.

그의 손녀가 전해주는 할아버지 최용덕의 평소 지론은 이러했다.

"나라가 없으면 자신도 없다."

(＊이상의 인용문의 출처는 모두 이윤식, 『조국의 별 최용덕』, 비씨스쿨, 2009년이다.)

농촌 계몽운동의 선도자
최용신

"아버지여, 당신이 보내신 귀한 따님을 왜 어느새 부르려 하십니까? 그 누이는 무식한 저희들을 위해 뼈가 깎이도록 일을 했습니다. 육신의 고통으로 말미암아 넘어지는 그 시각까지 불쌍한 조선의 자녀들을 위해서 걱정을 했습니다. 주여! 그는 열매도 맺어보지 못한 순결한 처녀입니다. 다만 당신 한 분을 의지하고 동족을 사랑해 몸을 바쳤습니다."(심훈, 『상록수』에서)

소설 『상록수』의 주인공

경기도 안산시에는 상록구가 있고, 지하철 4호선의 상록수역이 있다. 심훈의 소설 『상록수』에서 따온 구 이름이고 역 이름이다. 『상록수』의 주인공인 채영신은 일제 때 시골이던 이곳에서 농촌 계몽운동의 선구자이자 독립운동에 매진했던 최용신(1909~1935년)을 모델로 삼고 있다. 당시 우리나라는 80퍼센트 이상이 농민이었으므로 농민운동은 가장 큰 사회운동이었고, 그들을 계몽하는 것은 곧 나라의 희망을 개척하는 것과도 같은 매우 중차대한 일이었다. 무지와 가난·악습의 소용돌이에서 벗어나도록 하는 것은 본인들은 물론 국가의 장래를 밝게 하는, 당시로서는 가장 중요한 민족운동이자 독립운동의 한 방편이었던 것이다.

최용신은 1909년 8월에 함경남도 덕원군 현면 두남리에서 최씨 집안의 2남 3녀 중 둘째딸로 태어난다. 어릴 때 천연두를 앓았기 때문에 용신의 얼굴과 몸에는 심한 상흔이 있었다. 이런 용신을 동네 아이들은 위로하고 동정하기는커녕 놀리거나 면박을 주었다. 그리하여 자연히 외톨이가 된 용신은 교회에서 운영하는 주일학교에 정을 붙인다. 교회가 유일한 위안처이자 희망이었던 것이다. 이런 딸을 보는 부모의 마음은 안타깝기 짝이 없었지만, 어린 용신은 이러한 상황을 홀로 이겨내면서 부모의 걱정을 덜어드리는 대견함을 보인다.

큰 효를 실천한 여성운동가

훗날 용신은 "어머님을 두고 가니 몹시 죄송하다."라는 말을 남기고 부모보다 먼저 세상을 떠난다. 그러니 불효자라고 할 수도 있지만, 남들이 하기 힘든, 하기를 꺼려하는 일들을 묵묵히 수행하면서 역사에 커다란 족적을 남겼다는 점에서 민족의 효자임이 분명하다. 그것도 일제의 한반도 지배가 노골적으로 진행되던 시절의 일이니 아무나 할 수 없었던 대효(大孝)였던 것이다.

용신은 열 살 되던 해에 고향인 두남리에 있던 두남학교에 입학하는데, 2년 동안 이 학교에 다니다가 선교사가 운영하던 누씨여자보통학교로 전학한다. 원대한 꿈을 펼치기 위한 선택이었는데, 졸업할 때에는 최우등을 차지하여 주변을 놀라게 한다. 당시 용신의 우등상 수상 소식은 '장차 성공할 청소년'이라는 주제로 『조선일보』(1928년 4월 1일)에 소개될 정도로 제법 알려진 일이었다.

매일 십여 리나 되는 길을 걸어서 통학하면서도 늘 즐거운 마음을 잃지 않았고, 가난으로 생활이 힘들 때에도 포기하지 않고 긍정적인 삶을 이어간다. 고등보통학교 시절에는 가정 형편이 어려워 학비를 마련할 수 없게 되자, 도서관에서 노동을 하며 스스로 학비를 마련한다. 악조건 속에서도 항상 여유와 미덕을 베풀면서 남을 위해 희생하고 봉사하여 주변 사람들로부터 칭송을 받는다. 성적도 매우 우수하여 학교 선생님들의 사랑을 받으며 촉망받는 학생으로 성장한다.

학창 시절에 용신은 학교 공부에 매진하면서 민족의식과 나라 사랑 정신을 키우면서, 자신의 장래 계획을 구체화한다. 특히 매일매일 참석한 새벽예배는 용신을 견실한 신앙세계로 이끌었고, 후일 농촌 계몽운동에 매진할 때에도 하루 일과를 새벽예배로 시작하였다. 용신은 자신이 직접 쓴 새벽예배 기도문을 통해 이렇게 기도한다.

"전능하신 여호와의 능력이 아니면 어찌 이 아름다운 새벽이 있으며, 하나님의 은혜가 아닌들 어찌 나로 하여금 이 기쁨의 동산을 보게 하였으리요. (중략) 거룩하신 주여, 이 몸을 주를 위해 바치나이다. 여호와여, 이 몸은 남을 위하여 형제를 위하여 일하겠나이다. 여호와여, 살아도 주를 위하여 살고, 일하여도 의를 위하여 일하옵고, 죽어도 다른 사람을 위하여 죽게 하소서. 여호와여, 이 몸을 주께 바치오니, 이 아침 공기가 신선하고 깨끗함 같이 내 마음을 새롭게 하소서. 오! 주여, 오늘 하루를 기쁘게 하여 주소서."

(류달영,『최용신 양의 생애』)

용신의 삶에 가장 큰 영향을 끼친 사람은 고등보통학교 교사이던 전희균 목사였다. 믿음의 주초(柱礎) 위에 농촌문화 건설에 매진할 것을 다짐한 것도 그의 지도가 크게 작용한다. 학교에서 좋은 지도자를 만나 신앙과 삶의 좌표를 설정할 수 있었던 것이다. 어느 지역보다 기독교가 일찍 들어온 동네에서 살았기 때문에 가능한 일이기도 했다. 용신이 태어난 두남리는 원산보다 기독교가 먼저 들어왔고, 학교도 원산보다 먼저 세워진 곳으로 유명하다.

인류를 위해 자선활동에 나서야겠다고 다짐한 것도 성경 공부를 하면서 깨달았기 때문이다. 1929년에 서울의 협성여자신학교(지금의 감리교신학대학)에 입학한 동기도 여기에서 찾을 수 있다. 대학생활 중에 용신은 기독교의 사회 참여에 대해 활발히 의견을 개진하면서, 당시 명성이 자자하던 윤치호·신흥우·김활란·장이욱·최현배·조만식·최직순 등과 함께 기독교 사회운동에 대해 토론하는 등 기독교 여성 지도자로서의 위상을 유감없이 발휘한다.

농촌에 대한 관심은 농촌운동을 활발히 하던 황애덕 교수를 만나면서부터 본격적으로 이루어진다. 몇몇 농촌들을 둘러보고 농촌의 현실이 얼마나 열악한지를 체험한 뒤, 농촌운동이 단기적이어서는 효과를 거둘 수 없다는 사실을 깨닫는다. 농촌 계몽을 위해서는 장기간 한곳에 상주해야 할 필요가 있다고 절감하고, 직접 현장으로 나기로 결심한다.

농촌 계몽을 통한 나라 사랑

본격적으로 농촌운동에 뛰어든 용신은 YWCA 농촌사업부의 파송으로 경기도 안산의 샘골강습소로 향한다. 샘골강습소는 예배당을 빌려 운영하는 단기 강습소였지만, 용신이 파견되면서 장기 체제로 바뀐다. 처음에는 냉소적이고 비판적이었던 주민들도 용신의 피땀 어린 헌신과 봉사에 하나둘 마음을 열고 관심을 갖게 된다. 용신이 위생과 생활환경 개선에 대해 말하자, "제기랄, 파리 안 잡아도 파리에 물려 죽은 놈은 하나도 없었다네. 처녀가 무엇을 안다고 이러니저러니 그러는가."라며 핀잔만 주다가, 어느 날부터는 그의 일거수일투족에 관심 갖고 협조하기 시작한다.

농가부업 증대 방안으로 학교 주변에 뽕나무 심기와 누에치기를 권장하고, 감나무 등 각종 유실수를 심어 수입을 증대시키는 일도 도모한다. 수입 중 일부는 강습소 유지비로 사용하고, 농기구를 공동으로 구입하기도 하면서, 농촌 사회의 경제도 활성화시켰다. 용신이 샘골에 오면서 부녀회도 조직되어, 여성도 사회활동에 함께 참여해야 한다는 인식의 변화를 불러일으킨다. 남녀노소 할 것 없이 마을 전체가 활기를 띠게 된 것이다.

용신은 한글, 산수, 초보 수준의 재봉, 수예, 가사, 음악, 성경을 가르치면서 농촌의 청소년들을 계몽함과 더불어, 문명 퇴치를 최우선 과제로 삼는다. 얼마나 열심히 재미있게 가르쳤던지 배우고자 하는 청소년들이 매일같이 몰려들어 예배당이 사람들로 넘쳐나는 바람에 오전·오후·야간으로 반을 나누어 수업을 진행해야 할 정도였다. 특히 무지와 악습을 떨치기 위한 한글과 성경 교육은 나아가 민족의식까지 깨우쳐주었다. 이는 당시 "아는 것이 힘이다. 배워야 산다."라는 시대적 소명을 실천하는 일이었다.

식민 정책에 반하여 한글과 성경을 가르치다가 결국 일제의 간섭과 탄압을 받게 된다. 그리고 일제는 한글 교육 대신 일본어 교육을 강제하지만, 용신은 굴하지 않고 몰래 한글과 성경 가르치는 일을 계속한다. 때문에 훗날 다시 발각되어 수원경찰서로 끌려가 모진 고문과 취조를 받는다. 그리고 샘골강습소의 수용 인원이 110명에서 60명으로 대폭 감축된다. YWCA의 지원도 중단된다. 그래도 강습소를 운영하겠다는 용신의 집념에 따라 모금운동을 펼쳤고, 결국 강습소는 계속 유지된다.

다시 강습소가 활기를 찾자 용신은 더 큰 뜻을 펼치고자 일본 유학길에 오른다. "이만큼 자리잡은 샘골을 위하여 지금부터는 새로운 농촌운동의 전개가 필요하다. 그러나 나의 좁은 문견으로는 도저히 능력이 부족하다. 만일 이대로 간다면 곧 침체되어 이 모양조차 유지해 가기가 곤란할 것이다. 이곳을 이 땅의 농촌운동의 한 도화선으로 만들자면 새로운 지식과 구상이 필요하다."(『조선중앙일보』, 1935년 3월 4일)라고 하면서, 새로운 지식과 학문을 충족시키기 위해 유학을 선택한 것이다.

일본으로 건너간 용신은 고베여자신학교에서 사회사업을 공부하며 향학열을 불태운다. 미래에 대한 희망찬 계획을 교내 잡지에 투고하기도 한다. 기독교 신앙인으로서 부녀자·어린이·농민 등 사회적 약자들에 대한 배려와 봉사와 헌신을 주제로 한 내용이었다. 하지만 이미 약해질 대로 약해진 몸은 용신으로 하여금 더 이상 공부를 할 수 없게 만든다. 건너간 지 세 달 만에 각기병에 걸려 고국으로 돌아온다.

용신을 잊지 못하는 샘골 주민들은 "드러누워 있어도 좋으니 샘골로 오라."며 용신을 애타게 찾는다. 마침내 샘골로 돌아온 용신은 병든 몸을 이끌고 다시 강단에 선다. 그리고 '나의 맥박이 멈추는 순간까지!'라고 다짐하며 하던 일을 이어간다. 또 '내 몸뚱이는 천곡(泉谷: 조선-인용자)을 위해서 생긴 것이다. 천곡을 위해 일하다가 죽은들 그게 무엇이 슬프랴!'라고 맹세하며 무리하게 활동을 계속하다가, 결국 1935년에 짧은 인생을 마감한다. 샘골 주민들과 학생들의 간절한 기도와 정성에도 불구하고 끝내 일어나지 못한다. "이 학교만은 여러분의 손으로 살려가라."라는 유언을 남긴 용신은 그토록 사랑하던 아이들의 이름을 마지막 숨이 넘어가는 순간까지 한 명 한 명 부르면서 하늘나라로 떠난다.

그가 남긴 글

용신은 하늘나라로 갔지만 그가 남긴 족적은 인류의 가치가 되어 지금도 우리의 가슴에 남아 있다. 첫째는 서로 나누며 함께 더불어 살아가는 공동체의 삶이요, 둘째는 삶의 질을 풍요롭게 하기 위한 정신적 여유 찾기요, 셋째는 여자도 남자와 똑같이 활동해야 한다는 남녀평등 정신이다. 이를 위해 그가 남긴 글은 지금도 그를 기리는 기념관 앞에 뚜렷이 새겨져 있다.

"겨레의 후손들이 위대한 사람이 되는 데 네 가지 요소가 있나니, 첫째는 가난의 훈련이요, 둘째는 어진 어머니의 교육이요, 셋째는 청소년 시절에 받은 큰 감동이요, 넷째는 위인의 전기를 많이 읽고 분발함이라."

추모비

"일제하 처절했던 민족 수난기에
나라의 광복 위해 모든 것 버리고
농촌 계몽의 선구자로 불사조 되어
이 고장 이 마을에 생명을 바쳤네.

영원히 역사에 푸르른 얼이여

꽃다운 처녀 싱그러운 상록수여

민중의 가슴속에 뿌리 깊이 잡아

지금도 쉬지 않고 사랑으로 자라네."

(유달영 박사가 짓고, 민태식 선생이 씀)

불교 유신운동을 통해 조선의 자주독립을 추구한

한용운

대개 위대한 인물을 높은 산에 비유한다. 바라보기만 해도 우뚝한 산. 모든 이들이 우러러보고, 용기를 내어 올라보면 멀리 조망할 수 있는 산. 온갖 동식물의 안식처이자, 비바람을 막아주는 방패가 되기도 하는 산. 한국을 대표하는 수많은 불교 지도자들이 있지만 만해 한용운이야말로 한국 불교를 대표하는 높은 산이 아닐까. 풍전등화와도 같은 민족적 위기 상황에서 나라와 민족을 위해 헌신한 그의 삶은 우뚝 솟은 산에 비유해도 손색이 없을 듯하다.

학문으로 부모를 기쁘게 한 효자

한용운(1879~1944년), 그는 한반도를 둘러싸고 서구 열강의 각축전이 날로 심화되고 있던 시절에 충남 홍성에서 청주한씨 한응준과 온양

방씨 사이에서 둘째아들로 태어난다. 유천으로 불린 한용운은 어려서 매우 총명했다. 일찌감치 집에서 『천자문』을 익힌 한용운은, 여섯 살 때 서당에 들어가 『동몽선습』·『소학』을 남들보다 먼저 뗀다. 『대학』을 읽을 때에는 정자(程子)의 주석이 마음에 들지 않는다며 먹물로 지운 것은 유명한 일화로 남아 있다. 친구들은 훈장님으로부터 야단을 맞을 거라고 생각했지만, 훈장은 그를 오히려 신동이라며 칭찬했다고 한다.

이런 아들을 둔 부친은 대견해하면서 세상 돌아가는 이야기를 들려준다. 충청도 땅에서 큰 인물이 많이 났다는 얘기도 섞어가며 어린 한용운의 꿈을 키워준다. 그리고 한용운도 그런 인물로 크기를 기원하였고, 한용운도 역시 부친의 뜻에 순종하며 공부에 매진한다. 그는 닥치는 대로 책을 읽으며 견문을 넓힌다. 처음에 부친은 이런 아들이 과거에 급제해서 출세해주기를 바랐지만, 한용운은 과거급제보다는 망해가는 나라를 살리는 것이 더 중요하다고 여긴다. 그리고 사전에 부친에게 양해를 구하고 나라를 살릴 방도에 대해 궁리한다. 이에 부친도 기꺼이 동의하고, 과거에 대한 미련을 버린다.

부친을 따라 의병에 가담한 청년

잠시 서당에서 훈장을 도와 글을 가르치던 한용운은, 결혼을 한 후 천안에 있는 처가에서 생활한다. 처가살이를 한 것이다. 당시 부패한 관료에 저항하는 동학농민운동이 거세게 휩쓸고 있었고, 이를 틈탄 일본과 청나라의 조선 침략이 구체화될 때였으므로, 부친은 그의 의협심을 보고 아직 이른 나이에 일을 그르칠까 염려해서 잠시 처가로 보낸 것이다. 대신 부친은 동학농민운동에 직접 뛰어들어 탐관오리와 외세 배척운동에 직접 가담한다. 특히 곡식을 약탈하고 우리의 산하를 망쳐놓은 것도 모자라, 국모인 민비를 시해하기까지 한 일제에 대한 울분을 행동으로 보인다. 의병을 일으켜 일본에 대항한 것이다. 하지만 부친은 일제와 함께 토벌에 나선 관군에 의해 무참히 살해된다. 살던 집도 불태워지고 만다.

이를 전해들은 한용운은 부모에 대한 원수를 갚고 나라를 다시 세워보겠다고 다짐하며 천안의 처가를 떠나 고향인 홍성으로 간다. 잿더미로 변한 고향집에 도착해서 부친을 지켜드리지 못한 불효를 뜨거운 눈물로 참회한 뒤 의병에 가담한다.

가정으로의 복귀와 새로운 깨달음

하지만 관군과 일제의 집요한 탄압으로 의병부대는 해산된다. 갈 곳을 잃은 의병들은 뿔뿔이 흩어졌고, 한용운도 새로운 길을 모색한다. 처음에는 서울로 가서 계속 의병활동을 할까도 생각했지만, 언젠가 어떤 책에서 읽었던 인생의 허무함에 대한 내용을 떠올리고는, 방향을 바꾸어 강원도의 설악산으로 향한다. 오세암이라는 암자와 백담사 큰 절로 간 것이다. 불교 지도자의 길을 가게 된 배경이다.

산속에서 불교 경전에 심취해 있던 한용운은, 문득 자신이 우물 안 개구리 신세임을 깨닫는다. 특히 1848년에 서양의 근대 과학과 기술 문명을 소개한 『영환지략』이라는 책을 읽고서 그랬다. 조선 이외에 더 큰 세계가 있음을 새삼 깨닫고, 그는 다시 백담사를 내려와 곳곳으로 유랑할 계획을 세운다. 그것도 세계 각지로 여행을 할 결심을 한다. 이렇게 해서 닿은 곳이 블라디보스토크였는데, 거기에서 일진회 회원으로 오인되어 죽을 고비를 넘긴다. 결국 그는 다시 조선으로 돌아온다.

잠시 방황하던 그는 불교가 중생을 구제하는 데 앞장서야 한다고 깨닫는다. 앞을 못 보는 사람들의 길잡이가 되어주는 것이 불교의 가르침이 되어야 한다는 것이다. 그러기 위해서는 불교 종단의 부조리가 청산되어야 한다며 불교 개신운동을 펼친다. 훗날 그의 최고의 저작으로 꼽히는 『불교유신론』에 그 내용을 담아낸다.

그리고 고향의 어머니를 찾아가 그 동안 돌봐 드리지 못한 불효에 대해 용서를 빌고, 앞으로는 효도하며 살겠노라고 다짐한다. 하지만 어머니는, 오래 전에 동학 관련 사건으로 여전히 수배 중이라는 사실을 알려주면서, 천안의 처가에 가 있도록 한다. 그리하여 처가에 당도한 한용운은 그 동안 지아비로서의 책무를 다하지 못한 미안함을 아내에게 고백하고, 오랜만에 가족간의 도타운 정을 나눈다. 이때 아들도 낳았는데, 이름을 '도울 보(輔)' '나라 국(國)'자를 써서 '보국'이라고 짓는다.

불교 개혁과 나라 살리기 운동

나라의 사정은 계속 나락으로 떨어져 갔고, 일본 제국주의는 갈수록 기승을 부렸다. 특히 을사보호조약의 체결로 인해 조선의 외교권이 완전히 일제의 손아귀에 넘어갔다. 이에 한용운은 가슴아파하며 다시금 나라를 살리기 위한 운동에 뛰어든다. 호랑이를 잡으려면 호랑이굴에 들어가야 한다는 생각에 일본으로 건너간다. 막상 호랑이굴에 들어가 보니 일본은 여러 면에서 조선보다 발전해 있었다. 일본을 우습게 보다가는 큰일나겠다는 생각을 하게 된다. "호랑이굴에 들어가도 정신만 차리면 산다."라는 속담을 되새기고는, 일본의 곳곳을 돌아다니며 하나하나 꼼꼼히 살펴보고, 극일(克日)을 위한 방법을 찾으려고 애썼다. 우선 자신이 몸담고 있는 불교를 개신하는 것이 목적이었고, 궁극적으로는 조선의 독립을 되찾기 위해서였다.

막상 이 일을 위해 조선으로 돌아왔지만, 한일합방으로 인해 조선은 완전히 국권을 상실한 상태였다. 한용운은 통곡하며 불교 개혁과 독립운동을 병행해 나간다. 조선의 불교 종단이 일본인에게 넘어가려는 것도 앞장서서 막아낸다.

그리고 활동 폭을 넓히기 위해 다시 만주로 떠난다. 만주에서 동지를 만나 조국의 독립을 도모하기 위한 목적이었다. 마침 만주에는 수많은 독립지사들이 활동하고 있었다. 신흥학교를 세운 이회영·이시영·이상룡뿐만 아니라 박은식·김동삼·이동하·이동녕 등등의 지사들도 여기에서 만난다. 그리고 이들과 함께 한용운은 만주에 의병학교를 세워 군대를 양성하면서 독립의 때를 엿보고 있었다. 주변의 조선인들을 찾아다니며 강연을 하여, 독립의 당위성을 역설하기도 한다. 한용운이 설득력 있는 연설로 절절하게 독립운동의 동참할 것을 호소하자, 그 대열에 참여하는 젊은이들이 점차 늘어났다. 한때 머리를 깎은 일진회 멤버로 오인되어 총에 맞아 죽을 위험을 겪기도 했지만, 그의 독립에 대한 열정을 조금도 식지 않았다. 당시 친일파들의 모임인 일진회는 일제의 단발령에 따라 머리를 깎았으므로, 승려였던 한용운을 일진회 회원으로 오인했던 것이다.

3.1 독립운동과 「공약 3장」

그후 다시 서울로 돌아온 한용운은 더욱 적극적으로 독립운동에 참여한다. 기독교와 천도교의 지도자들과 함께 불교계를 대표해서 민족적 역량을 결집해 나간다. 때마침 미국 대통령 윌슨이 주창한 민족자결주의가 한창 대두되고 있었고, 일본에서는 조선인 유학생들이 독립선언을 했다는 소식도 접한다. 거기에다 급작스런 고종 황제의 죽음이 일제에 의해 독살된 것이라는 소문도 조선 민족을 분노하게 만들었다.

이렇듯 민족적 울분이 나라 안팎으로 들끓고 있을 때, 한용운은 조선 침략의 본산인 조선총독부에 보낼 「3.1 독립선언문」에 서명할 불교 대표로 나선다. 민족 대표 33인의 한 사람으로 참여하여, 몸소 그들을 찾아다니며 설득하고 서명을 받는다. 민족 대표로 「독립선언문」에 서명한다는 것은, 그 당사자에게는 목숨을 거는 엄청난 일이었는데, 한용운이 앞장선 것이다. 「독립선언문」은 최남선이 작성하고, 뒤에 붙은 다음과 같은 「공약 3장」을 한용운이 구상하였다.

1. 오늘 우리의 거사는 정의와 인도와 생존과 영광된 자존심을 위하는 민족적 요구이니 오직 자유의 정신을 발휘할 것이요, 결코 배타적인 감정으로 일주하지 말라.

1. 최후의 한 사람까지, 최후의 한 시각까지 민족의 정당한 의사를

쾌히 발표하라.

1. 일체의 행동은 가장 질서를 존중하며, 우리의 주장과 태도로 하여금 어디까지든지 광명정대하게 하라.

「독립선언문」과 「공약 3장」이 완성되고, 이제는 거사 날짜를 정하는 일만 남았다. 고종 황제의 인산일인 3월 3일로 하자는 주장이 나왔지만, 사람이 많다 보면 폭동으로 이어져 무고한 사람들이 죽을 수도 있다 하여 반대했고, 그 전날인 3월 2일로 하자는 의견도 있었지만, 역시 한용운이 나서서 그날은 주일이어서 기독교인들이 예배를 봐야 하니 안 된다고 했다. 그리하여 3월 1일을 거사일로 잡은 것이다. 3월 1일은 기독교·불교·천도교 등 세 종교단체가 합쳐서 나라 사랑에 하나가 된다는 뜻도 있으니 더욱 의미가 있는 날이었다.

의연했던 감옥생활과 꼿꼿한 삶

「독립선언문」에 서명했던 민족 대표들은 감옥에서 온갖 고초를 겪으면서 인고의 세월을 보낸다. 그 중에는 일제의 고문과 협박에 약한 모습을 보인 대표도 없지 않았지만, 한용운은 결단코 굴하지 않는다. 오히려 감방을 면벽 수도의 장으로 삼는다. 3년의 옥고를 치르고 나온 한용운은 항일 운동을 계속했다. 주로 대중 강연을 통해 조국 독립의 필요성을 역설하며 민중을 일깨운다.

함께 독립운동에 참여했던 인물들 가운데 변절한 사람들을 찾아가서는, 버젓이 살아 있는 사람 앞에서 "아이고, 아이고!" 하며 곡을 하여 그 사람은 이미 죽었음을 알린다. 그런 다음 다시는 그를 상종하지 않았다는 일화는 유명하다.

불교 스님들에게 한 쓴 소리도 한용운의 꼿꼿한 삶을 대변한다. 총독부의 어용단체인 삼십일본산 주지회에서 한용운을 초청하여 강연회를 할 때의 일이다. 단상에 오른 한용운이 "세상에서 제일 더러운 게 무엇인지 아십니까?"라고 질문하자 아무도 대답하지 않았다. 한용운이 스스로 "그럼 내가 대답하는 수밖에 없군. 그건 바로 똥입니다. 그런데 그 똥보다 더 더러운 것이 있습니다. 그게 무엇입니까?"라며 스스로 답한 뒤, 다시 질문을 하자 역시 아무도 대답하지 않았다. "그러면 또 내가 대답하지요. 그건 바로 송장입니다. 내 경험으로는 똥 옆에서는 음식을 먹을 수 있어도 썩는 송장 옆에서는 냄새가 고약하여 차마 음식을 먹을 수가 없기 때문입니다." 눈을 부릅뜨고 청중을 둘러보던 한용운은 또다시 "그런데 송장보다 더 더러운 게 무엇인지 아십니까?"라고 물었지만, 역시 아무 대답이 없었다. "이놈들아! 그건 바로 여기 앉아 있는 삼십일본산 주지 네놈들이다!"라며 뇌성벽력 같은 목소리로 호통을 치고는 뒤도 안 돌아보고 나왔다고 한다.

말년에 거처했던 서울 성북동의 심우장도, 남향으로 지으면 총독부 건물이 보인다고 하여 북향으로 지었다. 마당에는 향나무 한 그루를 심어 조선의 앞날에 어서 푸르른 날이 오기만을 손꼽아 기다리는 마음을 담았다. 지금도 심우장에는 만해 한용운의 바람과 기원이 그대로 간직되어 있어, 찾는 이들을 숙연하게 한다. 불교 지도자로서 참된 불교인의 삶과 나라 사랑 정신을 전하고 있는 것이다.

한국이 낳은 세계적인 사상가
함석헌

　'씨올', 바로 '씨앗'을 뜻하는 순수 우리말이다. 한국 사상사에서 한 획을 그은 함석헌이라는 사상가가 나오기 전까지만 해도, 씨올은 우리말이면서도 우리말이 아닌 것처럼 생소하게 보였다. 하지만 이제는 익숙한 명사가 되었고, '백성'이라는 의미로도 사용되고 있다. 나라의 기축을 이루는 보통사람들을 씨올이라고 한 것이다. 민(民)도 백성(百姓)도 모두 한자말이기 때문에, 씨올이라는 상징성을 살려 쓴 것이다.

　민주 사회의 주권은 일반 백성에게 있다. 백성으로서의 씨올은 주체성·순수성·생동성·관계성을 함축한다. 씨올이라는 순수 한글로 대한민국과 대한민국 국민의 정체성과 생명성을 표현하면서, 함석헌의 씨올 사상이 된 것이다.

이런 함석헌을 우리는 민족운동가·인권운동가·평화통일운동가·평화사상가라 부른다. 사상가이면서 실천가, 종교인이면서 사회운동가였던 그를 지칭하는 여러 가지 이름들이다.

어머니의 평등 교육과 아들의 효성심

함석헌(1901~1989년), 그는 평안도 용천군 부황면 원성동 사점마을에서 부친 함형택과 모친 김형도 사이에서 맏아들로 태어난다. 장손으로서 그는 집안과 주변 사람들의 기대를 한 몸에 받으며 자란다. 장남 특유의 고집도 없지 않았다. 장남을 중시하는 사회 풍토를 당연시하며 이를 고집한 것이다. 하지만 어머니는 인간은 평등하다고 교육하면서 그를 엄히 꾸짖는다. 동생도 여성도 모두 같은 사람이기 때문에 똑같이 소중하다고 가르친 것이다. 그는 어머니의 이 말을 새기면서 평생의 가치관으로 삼는다. 바로 평등과 평화사상인 것이다. 어머니의 따끔한 교육이 평생의 철학이 된 것이다.

더욱이 함석헌이 태어나 자란 서북 지방은 여타 지방에 비해 심한 차별을 받는 곳이었다. 아무리 실력이 뛰어나더라도 과거시험에 합격한다는 것은 여간 힘든 일이 아니었다. 특히 평안도는 조선 시대 이래로 정치적 차별을 받았기 때문에, '한국의 이방 갈릴리'라고 불리기도 하고, 고향 사점마을은 '스불론이나 납달리 같다'고도 했다.

서북 지방에 대한 천대는 당장 그의 삼촌인 함일형에게도 가해졌다. 뛰어난 실력자임에도 불구하고 함일형은 관리로 등용되지 못했던 것이다. 사점마을 사람들이 서구의 종교를 먼저 접한 이유도 여기에 있었다. 그들은 천대에서 벗어나기 위해서는 만인 평등을 주장하는 서구의 종교를 믿으면 된다고 생각했다. 무엇보다 먼저 교회를 세운 것도 그 때문이다. 기독교의 평등정신이 그간 당해온 설움을 해결해 줄 수 있을 거라고 기대한 것이다. 기독교 계통의 학교도 세웠다. 기독교적 가치관으로 역사와 지리 및 산술을 가르치면서 신학문으로 지역 어린이와 청소년들을 일깨운 것이다.

효성심에서 애국심으로

어린 시절에 서당을 다니며 전통적 효와 예법을 접한 함석헌은 대여섯 살 때 삼촌인 함일형으로부터 서구의 신학문 세계를 접한다. 민족운동을 하던 삼촌은 그에게 민족주의 정신도 함께 일깨워준다. 그 후 그는 사립 덕일소학교에서 초등교육을 받는다.

그는 병약한 모친을 생각하여 열여섯 살 때인 1917년에 황득순이라는 여인과 결혼한다. 모친이 손을 보고 싶어 하자, 돌아가시기 전에 손을 보여드려야 한다는 효성심의 발로였다. 의사가 되기를 바라는 아버지의 뜻을 따라 공부에도 열과 성을 다한다. 하지만 시대적 아픔을 못 본 척할 수는 없었다. 1910년부터 1919년에 3.1운동이 일어나기까지 망국의 암울한 시기를 목도하며 민족운동에 대한 의지를 함께 불태운다. 특히 3.1운동은 "어려서 받은 충격 중 가장 큰 것"이라고 고백했을 정도로 함석헌에게 큰 영향을 미친다.

고등보통학교 3학년 때 전국에서 3.1운동이 일어나자, 그는 「독립선언서」와 태극기를 인쇄하여 나눠주고, 시가행진에도 참가한다. 학교를 그만둔 것도 독립만세운동에 참가한 것 때문이었다. 당국에서는 반성문을 쓰면 만세운동에 참여한 것을 용서해주겠다고 유혹하지만, 단호히 뿌리친다. 그는 "어제 뿌리치고 나왔던 일본 사람 앞에 다시 가서 잘못했다고 빌고 들어가기를 차마 할 수 없다."라고 말하며, 학교를 스스로 그만둔다. 이를 두고 그는 일생에 "큰 돌아서는 점"이라고 표현한다. 인생에서 가장 중요한 전환점이 된 것이다.

고향으로 돌아온 그에게 부모님은 더 큰 세계로 나아갈 것을 권한다. 그리하여 1921년에 오산고보 3학년 과정에 편입학하게 된다. 이때 함석헌은 자신만의 사상을 형성하는 데 매우 중요한 영향을 미치는 스승과의 만남이 이루어진다. 남강 이승훈과 다석 유영모 등의 스승을 만나 민족정신과 참사랑의 기독교 정신을 교육받은 것이다. "오산학교는 그때 민족운동·문화운동·신앙운동의 도가니였습니다. 그때 그 교육은 민족주의·인도주의·기독교 신앙이 한데 녹아든 정신교육이었습니다."(『전집』 4)라고 고백한 데서도 알 수 있다.

그는 남강 선생을 통해 '배달'·'한배'·'한글'의 의미를 깨우친다. 그리고는 "남강은 과연 조선에서 등촉이었다. 나는 이때껏 저만큼 광휘 있게, 저만큼 뜨겁게, 저만큼 기운차게, 저만큼 참되게 산 이를 보지 못하였다."(『전집』 5)라고 평한다.

지행 일치의 삶과 나라 사랑

기독교 신앙을 동양사상으로 해석하고 이해한 다석 유영모의 가르침도 함석헌의 신앙과 가치관에 지대한 영향을 미친다. 다석과의 만남을 통해 그는 "성경이란 것을 생각하게 됐고, 깊이 생각을 하며 봐야 하는 책"이라 했으며, 또 "남을 따라서 미리 마련된 종교를 믿기보다는 좀 더 깊고 참된 믿음이 있어야겠다."(이상 『전집』 4)라는 생각을 한다. 이런 그의 생각은 결국 '씨올'의 의미를 찾게 되었고, 그것이 무르익어 그의 '씨올 사상'이 된다.

이렇게 해서 형성된 함석헌의 삶과 철학은 세 가지로 요약되는데, 이것은 오산학교의 정신이기도 하다. '청산맹호의 민중정신', '자립자존의 민족정신', '참과 사랑의 기독정신'이 그것이다. 한때 민족해방운동의 큰 흐름을 형성하던 사회주의에 대해 관심이 없던 것은 아니었지만, 결국은 기독교정신으로 돌아온다. 「성서적 입장에서 본 한국 역사」를 『성서조선』에 연재하면서 자신만의 독특한 기독교 사상을 전개한다.

새로운 시각에서 바라본 한국 역사

특히 한국 역사를 신의 섭리사관으로 파악한 책인 『뜻으로 본 한국 역사』는 함석헌만의 독특한 역사의식을 담고 있다. 성서적 고난을 통해 현현되는 역사정신을 기반으로 한국 역사를 서술한 것이다. 민족의 혼과 얼을 강조하면서 평화를 애호하는 한국민의 정서를 말하고 있다. 그러면서 하나님의 섭리는 역사 전체를 꿰뚫는 것이라고 이해한다. 하나님은 역사의 배후에서 작용한다고 하면서, 이를 통해 인간은 하나님과 대화한다고 말한다.

"역사는 하나님과 사람의 대화다. ……역사는 인간의 인격과 거기에 절대적으로 대립되는 초월적 인격과의 사이의 묻고 대답함일 수밖에 없다."(『전집』 11)

"역사에 방향이 분명히 있다. ……그 방향이 무엇인가? 자유다. 점점 저 자유하는 데로 나가는 것이 역사다."(『전집』 5)

그렇기 때문에 식민사관도, 불필요한 수식에 의한 역사의 미화도, 모두 역사의 왜곡이라고 생각한다. 따라서 우리의 역사를 정신사적 입장에서 성서의 눈으로 살핀 것이다. 그가 아쉬워한 점은 고구려의 멸망이었다. 그리하여 만주 벌판의 드넓은 우리 역사가 고구려의 멸망과 더불어 사라지고 좁은 한반도로 주저앉았다고 탄식한다. 고구려의 기상은 자유의 기상이요 우리의 날개였지만, 고구려가 멸망하면서 우리의 역사는 날개가 부러진 새와 같았고, 고려와 조선은 종이요 머슴의 역사라고 하며 안타까워한다. 중국에 대한 사대주의를 비판한 내용이다.

고난의 역사와 자유의 날개

지금껏 조선은 중국이라는 적을 미워할 줄 모르고 오히려 우러러 존경하고 복종하는 사대주의를 추구하면서, 자신도 모르는 노예근성에 함몰되어 있었다고 한탄한다. 자유와 독립의 기상을 상실한 민족이라는 것이다. 날개를 잃은 새는 결국 죽고 마는데, 조선이 그와 같다고 지적한 것이다.

이렇듯 함석헌은 역사의 궁극적인 목적을 '자유'에 두고, 그 기준을 고구려의 기상에서 찾았다. 자유를 향한 역사의 발전은 고난과 희생을 수반하기 때문에 곧 고난의 역사요, 하나님에게로 나아가는 역사라고 말한다. 역사는 과거의 일이 아니라 장차 올 것을 믿는 일이기 때문에, 단련이라고 강조한다. 고난은 단련을 위한 수순이며, 구원의 역사를 쓰고자 우리를 단련시키는 것이라고 본다. 그것이 고난에 굴하지 말아야 하는 이유다.

> "시(始)가 종(終)을 낳는 것이 아니라, 종이야말로 처음부터 있어 시를 결정한다."(『뜻으로 본 한국 역사』)

끝을 뜻하는 '종'은 하나님을 말하는데, 이는 하나님의 섭리가 곧 모든 역사를 결정한다는 주장이다. 우리의 역사를 성서적 입장에서 하나님의 섭리로 해석한 그의 생각은 『성서조선』에 게재되었다. 그리고 김교신의 집에서 열띤 토론을 이어갔다. 하지만 이때 토론회에 참석한 사람들은 일제의 탄압으로 심한 고통을 당한다. 독실한 기독교인들을 맑스−레닌주의를 신봉하는 공산주의자로 몰아간 것이다. 비록 무혐의로 풀려나긴 했지만, 하나님을 신뢰하고 나라와 민족을 염려하는 열정만은 더욱 굳건해졌다.

> "각 나라 백성을 한 혈맥으로 지으사 온 땅에 거하게 하시고,

저희 연대를 정하시고 거하는 지경을 한하셨으니 하나님을 찾을지라."(『성서조선』, 80호)

감옥을 인생대학으로 생각한 사람

함석헌은 나라와 민족을 위한 일에 앞장서며 여러 차례 옥고를 치른다. 고통스러운 옥중에서도 사고하고 책을 볼 수 있다는 것에 오히려 감사하며, 감옥을 인생대학이라고 생각한다. 궁극적으로 나라의 독립과 민족의 생존을 위해 몸부림치다가 갇힌 감옥을, 자신을 발견하는 장으로 여긴 것이다. 신의주학생의거 사건으로 구금되었을 때 쓴 기록들은 하나의 시가 되고 고백이 된다.

죽을 고비를 여러 차례 넘긴 뒤, 1945년에 해방을 맞이한다. 하지만 자주적이지 못한 해방은 미국과 소련 양국의 군대에 의한 군정으로 귀결된다. 지금까지도 지속되고 있는 남북 분단의 비극이 시작된 것이다. 당시 그는 신의주에서 소련 공산당의 횡포에 항거하다가 체포된다. 악질 반동으로 몰려 죽을 고비를 맞이하지만, 매달 오산학교의 동정을 보고하라는 명령을 강요받은 뒤 풀려난다. 하지만 밀정이 될 그가 아니었다. 그것이 바로 1947년 3월에 38선을 넘어 월남한 배경이다.

'참'을 찾아서

남한에 정착한 그는 자신만의 독특한 인생관·국가관·종교관을 설계한다. 서구 중심적 사고와 개념이 판치는 학술계에서 순한글 개념의 한국 정신사가 새롭게 정리된 것이다. 하루에 한 끼만 먹는 것으로도 충분하다는 삶의 철학도 주변에 일파만파로 영향을 미친다. 하지만 욕심으로 가득 찬 이 땅에 6.25라는 민족적 비극이 발생한다. 민족과 나라보다는 정권에 대한 욕심이 6.25를 낳았고, 일제 시대보다도 못한 남북 분열을 맞이한 것이다.

"우리가 일본으로부터 해방됐다 할 수 있으나 참 해방은 조금도 된 것이 없다. 도리어 전보다 더 참혹한 것은, 전에 하나였던 대신 지금은 둘셋이다. 일본 시대에는 종살이라도 부모형제가 한 집에 살 수 있고 동포가 서로 교통할 수 있지 않았나? 지금 그것도 못해 부모처자가 남북으로 헤어져 헤매는 나라가 자유는 무슨 자유, 해방은 무슨 해방인가?"(『전집』 14)

해방 이후 남북 분단을 가슴아파하며 쓴 글이다. 일제의 무단통치 속에서는 그래도 온 가족이 함께 살 수나 있었지만, 남북이 분단된 이후로는 이산가족이 되어 만나고 싶어도 만날 수 없는 상황이 된 것을 빗댄 말이다. 그리고 이후로 민주화운동에 깊이 관여하면서 비폭력 평화주의를 선도한다. 기독교 신앙과 간디의 비폭력 방법을 견지한 것이다.

"조선이 고난을 걷는 것은 자기 사명을 다하기 위해 필요한 일이었다. 우리는 대임(大任)을 위하여 이 고통스러운 교훈의 초달을

견디지 않으면 안 된다."(『성서조선』 67호)

이렇듯 그는 고난 속에서 참된 사랑을 찾는다. 그러기 위해서는 포장된 교회주의의 틀을 벗어나 헐벗은 씨올들의 구원에 나서야 한다고 생각한다. 기독교는 위대하지만 '참'은 더 위대하다고 선언한다. '참'을 위해 교회의 벽을 허물고 기독교의 낡은 벽을 허물겠다고 다짐한 것이다. 다원주의로 나간 근거이고, 복음주의의 입장에서는 경계하는 부분이지만, 교회와 기독교의 뒤안길을 돌아보면 나름대로 교훈적인 부분도 없지 않다.

그의 교회에 대한 비판은 가톨릭도 예외일 수 없었고, 사랑과 '참'의 정신을 벗어난 껍질로서의 모든 종교가 그의 비판 대상이었다. 이런 생각을 담은 「진리의 향수」, 「새 윤리」, 「생각하는 백성이라야 산다」라는 글이 잇달아 『사상계』를 통해 발표되면서, 사회적으로 큰 반향을 일으킨다. 당시 정치와 사회에 대한 통렬한 비판은 지식인 사회를 자극했고, 결국 그것이 문제가 되어 자유당 정부에서 또 한 번 옥고를 치른다.

한국이 낳은 위대한 사상가

한국 사상사에서는 함석헌을 원효나 율곡에 버금가는 사상가로 꼽는다. 한국적 사상을 토대로 업적을 이룬 위대한 종교사상가라고 말한다. 한국의 다양한 문화와 사상을 토대로 기독교를 새롭게 해석하고 세운 것이다. 쓰라린 역사적 아픔을 겪으면서 조물주의 섭리를 찾았고, 절대자가 대한민국을 사랑하기 때문에 민족적 고난과 시련을 주신다고 고백하며, 이를 감내하면 희망의 꽃과 열매가 필 것이라는 기대를 알리는 데 평생을 바친 이가 함석헌이다.

그는 1970년대에 노벨평화상 수상 후보로 추천되고, '한국의 간디'라는 평가도 받는다. 1988년에는 서울올림픽 평화대회 위원장을 맡고 「서울평화선언」을 제창한다.

「그 사람을 가졌는가」라는 시에서 그는 이렇게 읊고 있다.

만 리 길 나서는 길

처자를 내맡기며

맘놓고 갈 만한 사람

그 사람을 그대는 가졌는가.

온 세상 다 나를 버려

마음이 외로울 때에도

'저 맘이야' 하고 믿어지는

그 사람을 그대는 가졌는가.

탔던 배 꺼지는 시간

구명대 서로 사양하며

'너만은 제발 살아다오' 할

그 사람을 그대는 가졌는가.

불의의 사형장에서

'다 죽여도 너희 세상 빛을 위해

저만은 살려 두거라' 일러줄

그 사람을 그대는 가졌는가.

잊지 못할 이 세상을 놓고 떠나려 할 때

'저 하나 있으니' 하며

빙긋이 웃고 눈을 감을

그 사람을 그대는 가졌는가.

온 세상의 찬성보다도

'아니' 하고 가만히 머리 흔들 그 한 얼굴 생각에

알뜰한 유혹을 물리치게 되는

그 사람을 그대는 가졌는가.